JN083086

学生参加による高等教育の質保証

山田 勉

東信堂

はしがき

　高等教育の質保証は国際的に共通の課題です。マス化やユニバーサル化に対応して高等教育に相応しい教育を提供する、あるいはグローバル化にともなって学位水準の国際的通用性を高める、などの取り組みが各国で進められています。

　ところが、その取り組みの多くは、教育の提供者側に大学や教育プログラムの在り方を問い、これを規定しようとするものです。結果として質保証は、質とは何かが十分に議論されないまま、統制の一種として機能しているのではないでしょうか。しかも、その仕組みが教授・学習の改善に少なからず結びついているならともかく、大学が証拠書類の作成に追われ、透明性の向上に終始しているのであれば、本末転倒と言わざるをえません。

　こうした懸念から、本書では、提供者側ではなく、むしろ教育の受け手である学生が質保証に参加することによって、高等教育の質を保証する可能性を探求しています。

　では、学生参加は、質保証になぜ必要かつ有効なのでしょうか。端的に言えば、質保証における学習主体は組織であり、学生は大学の組織学習に不可欠の学習当事者だからです。

　組織学習に問題がなければ、統制的な点検・評価は本来不要なはずです。換言すれば、教育の硬直化によって大学が根本的な問題を発見し修正することができないから、内部質保証が自己目的的な作業に陥ると考えられます。こうした事態を回避するためには、建設的な対立を促す学習当事者として、学生に質保証への参加を求め、たとえば暗黙のうちに議論しないことにしている問題点を、公に検証し、問題解決につなげる組織に大学が移行することが重要だと思います。

　ただし、大学と学生の関係を他の公的サービスと同一視することはできません。同一視から生じる「学生消費者主義」の問題は、リースマンによっ

て 1980 年代から指摘されています。また、大学の構成員だから学生に質保証への参加を求めるわけでもありません。組織学習に必要なことは、組織代表性にもとづく正当化ではなく、問題を発見し修正することだからです。

この〈質保証に参加する学生の立場〉については、学生参加を質保証の要件としている「欧州高等教育圏における質保証の基準とガイドライン(ESG)」においても、必ずしも議論が収斂しないまま、「学生中心の学習」や「学習の質」をどのように具体化するかが論点化している状況です。学生は「学びの専門家」あるいは「パートナー」であるとの捉え方が有力ではあるものの、そうしたメタファーに依拠して、学生の役割を考えることには自ずと限界があります。

そこで本書では、学生が何に・どのように参加するのかという具体的な参加次元・態様を基礎に、なぜその活動が質保証につながるのかを、組織学習論、とりわけ組織の問題を組織行動の大前提や根底にある価値観から見直す「ダブル・ループ学習」に着目して理論モデルを構築し、実践的なガイドマップを開発しています。

刊行時点では、文部科学省による「全国学生調査(試行実施)」の結果がすでに公表されています。「対象学生を含め」自大学内において、調査結果の共有を図るとともに、自大学の教育改善に活かすよう、努めるものとするとの要望に、戸惑いを感じた参加大学もあるのではないかと思います。

応答性の確保は、学生参加による質保証を実践に移す際には、極めて重要です。最大のステークホルダーであるはずの学生の目線から、どのように大学教育や学びの実態を把握し、教育改善に活用するべきなのかについて、あらためて検討される機会などに、本書がその一助となれば幸いです。

本書は、京都大学大学院教育学研究科博士論文「学生参加による高等教育の質保証―「欧州高等教育圏における質保証の基準とガイドライン」に関する批判的考察に基づいて―」の副題を省略し、加筆修正したものです。本書の企画・編集・刊行にあたっては、東信堂 下田勝司社長に大変お世話になりました。心より御礼申し上げます。

目次／学生参加による高等教育の質保証

vi

学生参加による高等教育の質保証

I　問題と目的

1. 照準としての「学生参加による質保証」

　「学生参加による高等教育の質保証」とは、学生参加によって高等教育の質保証を実現しようとする試みである。世界的には、欧州高等教育圏の構築を目指すボローニャ・プロセスにおいて先進的な取り組みが行われている。「欧州高等教育圏における質保証の基準とガイドライン」、すなわち 'Standards and Guidelines for Quality Assurance in the European Higher Education Area' (ESG) は、この欧州諸国において標準化される質保証システムの基準とガイドラインであり、学生参加を質保証の要件としている。

　本研究は、この ESG に関する批判的考察に基づいて、「学生参加による高等教育の質保証」理論モデルを構築し、実践的なガイドマップを開発することを目的としている。

　まず I では、なぜ「学生参加による質保証」に照準を合わせるのか、また本研究の目的と仮説、および本書の構成について述べる。

(1)「独り歩き」する質保証

　高等教育の質保証は、国際的に共通の課題である。高等教育のマス化やユニバーサル化の進展にともない、世界各国・地域では、高等教育政策あるいは大学の組織原理として、その導入が進められている。にもかかわらず質保証は、当事者の意図を離れて独り歩きしているのが現状である。

　たとえば、質の定義がステークホルダーによって異なっており、アカデミックな質と無関係なアウトプットが追求されている。あるいは、質を測定するために、量的に測られるものが不当に尊重され、質の内実を的確に反映しないものが使われている。さらには、質を改善するよりもむしろ、上で決まった施策を実行することの方が強調されている（Anderson, 2006）などの指摘が後をたたず、質保証は役に立たないと現場の教員には認識されている（広田, 2016）。

　あるいはまた、質保証は価値中立的で技術的なものではなく、権力や権限の再配分を伴う政治的な性格をもっており、ほとんどの場合、統制の一種であるとの見方もある（Hoecht, 2006）。そうなると、質保証が学生にとって何がしかの利益をもたらすもので、結果として生じる定型化や標準化をある程度は必要だと感じつつも、現在の質保証のシステムは過度に官僚的で、機会費用が高いことから、質保証に表面的にのみ取り組んでいる（Hoecht, 2006）ということになりがちである。つまり、質保証は現場の教員の専門的自律性を脅かしている存在なのである（広田, 2016）。

(2)「消費者」ないし「製品」としての学生

　一方、高等教育の中心的ステークホルダーであるはずの学生は、多くの大学において消費者あるいは製品のメタファーで語られ、質保証プロセスにおいてもインタビュー対象でしかないことが一般的である。

　タイト（Tight, 2013）は、この消費者というメタファーを問題視し、「新車を購入する際、我々が自動車メーカーの顧客であり、ある地域のテイクアウトではファーストフードの消費者であるのと全く同じように、学生は学費を払う大学の顧客であり、大学の提供する教育やその他のサービスの消費者」（Tight, 2013, pp. 292-293）であるという捉え方に批判的である。さらに、2011 年に発行された英国高等教育白書には "Students at the Heart of the System"（学生中心の高等教育システム）と副題が付けられているけれども、その注意の大半は、収入のある職業のための準備を学生にさせることに

向けられており、政府の経済政策の道具として学生の雇用されうる能力 (employability) が求められているに過ぎないと批判している (Tight, 2013)。

　土屋 (2013) は、先進諸国において発生しているこうした事態を、「学生消費者主義」と「大学工場モデル」という言葉で悲観的に叙述している。すなわち、「学生は雇用可能性を向上させるために高等教育サービスを購入し (学生消費者主義)、高等教育サービスは、素材としてその本人に対して追加の価値を学習成果として付加し雇用市場に送り出す (大学工場モデル)」(土屋, 2013, p. 188)。これが二十世紀後半における大学の社会的役割であるという。

　そうだとすれば、「高等教育の質保証という概念自体が、工場生産における品質管理との連想で理解されがちである」(土屋, 2013, p. 185) のも無理はない。現状では、質保証のプロセスにおいても、学生は購入した高等教育サービスについて意見を述べる消費者か、あるいは自身の性能について顧客満足度調査を通して語る製品でしかないからである。

(3) 学生を「質保証のアクター」と位置づける ESG

1) ボローニャ・プロセス

　ところで、このように質保証が当事者の意図を離れて独り歩きし、学生が消費者ないし製品のメタファーで捉えられている一方で、学生を「質保証のアクター」と位置づけるアプローチが出現し、新たな展開を見せている。欧州高等教育圏の構築を目指して 1999 年に始まったボローニャ・プロセスである。

　ボローニャ・プロセスは、EU 加盟国のみならず今日ではトルコやロシアなど広く 48 ケ国が参加し、欧州を中心とする参加国の大学全体がレベルアップして、その高等教育を世界最高水準に高めようとする改革であり、大学間を自由に移動でき、いずれの大学で学んでも共通の学位、資格を得られる「欧州高等教育圏」の確立が目指されている。そのため、制度面では、理解しやすく比較可能な学位の枠組や学部、大学院という高等教育の基本

構造の整備、ヨーロッパ共通の単位互換制度の開発、高等教育の質保証システムの確立などが段階的に目指されている（ルイス, 2005; 木戸, 2008; 舘, 2010など）。

　ボローニャ・プロセスは、世界各国・地域において高等教育の多様性を保ちながら構造的な収斂を進めるためのモデルとなっており（タイヒラー, 2006）、その影響力は極めて大きい。ボローニャ・プロセスの開始要因のひとつは米国への対抗であったが、その米国が逆輸入する形で、資格枠組や単位互換制度、チューニング（Tuning）などを学ぼうしていることからも、その影響力の大きさは明らかである（上別府, 2015）。

2) ESG2005 採択

　ボローニャ・プロセスはその当初から学生参加に積極的である。2001年のプラハ会合では、学生は高等教育の全面的当事者であり、建設的参加者として歓迎され、教育編成・内容に影響を与えるべきであるとされた。2003年のオスロ・セミナーでは、あらゆる段階の意思決定に学生参加が拡大されるべきであるとされ、大学は市民性の学校であり、また社会発展のための機関であって、そこに在籍する学生は単なる消費者や顧客とみなされるべきではないという踏み込んだ主張がなされている。その後、2005年のベルゲン会合では、ステークホルダーとりわけ学生の質保証への参加を盛り込んだ ESG2005 が採択されている（大場, 2008）。

　さらに 2009 年には、5 つの指標が設定されている。すなわち、①国の質保証機関のガバナンス体制、②外部評価チームの正規メンバーまたはオブザーバー、③自己評価報告書の準備、④外部評価の意思決定過程、⑤フォローアップ手続きであり、すべての質保証レビューに、学生がこの 5 つのレベルで参加することが求められ、2、3 年ごとの教育人臣会合でその進捗が確認されることとなった（ENQA et al., 2015）。

3）ESG2015への改定

　ところが、2009年時点では、すべての要素を充たすA評定は19ヶ国、一つ以下しか充たしていないE評定は2ヶ国であったが、2012年、2015年には、A評定を受ける国・地域数は、19→11→14と乱高下し、B評定数は減少を続け、C〜E評定を受ける国の数は増加する一方であった（山田, 2016, p. 43）（**表Ⅰ-1**参照）。

　こうした停滞を受けて、改定されたのがESG2015である。ESG2005が採択されたころのテーマは、「高等教育におけるパートナーとしての学生」であったが、ESG2015では、「学生中心の学習」を基幹とする改定が行われている（Gover et al., 2015）。例えば、「学生中心の学習・教授・評価」（1.3基準）は、従来の質保証が、学習と教授からあまりに懸け離れており、学生の学習経験の質が考慮されてこなかったという批判に応えて新設されたものである（**図Ⅰ-1**参照）。

　さらに、この「学生中心の学習・教授・評価」は、その広範な性質から、実現には多くの他の課題があるとされ、特に「プログラムの設計と承認」（1.2

表Ⅰ-1　外部質保証システムにおける学生参加レベル

段階	現状	2009 年	2012 年	2015 年
A	すべての質保証レビューに、学生が次の5つのレベルで参加する。 ①国の質保証機関のガバナンス体制 ②外部評価チームの正規のメンバーまたはオブザーバー ③自己評価報告書の準備 ④外部評価の意思決定過程 ⑤フォローアップ手続き	19	11	14
B	上記の5つのレベルのうち4つに学生が参加	16	11	7
C	上記の5つのレベルのうち3つに学生が参加	7	13	13
D	上記の5つのレベルのうち2つに学生が参加	4	5	7
E	学生は参加できない。または上記の5つのレベルのうち1つにしか学生が参加しない。	2	7	7

（出典：山田, 2016, p. 43 表2を一部改変）

図Ⅰ-1　ESG2005からESG2015へ

(出典：ENQA (2005) および ENQA et al. (2015) より筆者作成)

ガイドライン）と関係することは不可欠であると指摘されている (Gover et al., 2015)。さらに、ESG2015では他にも、「プログラムの継続的モニタリングと評価」(1.9ガイドライン)、「専門家によるピア・レビュー」(2.4基準) などにおいて学生参加が要請されている。

　また、ESG2005では学生は、内部質保証に共同して責任を負う任務は与えられていなかったことに対して、ESG2015では、学生は質保証に責任を持つ、組織における当事者 (institutional actors) として1.1ガイドラインに記載されており、注目が集まっている (EURASHE et al., 2016)。

4) 質保証における学生の役割とは何か

　このように、ボローニャ・プロセスでは学生を質保証のアクターと位置づける一方、ESGではその在り方が模索されてきたといえる。

　すなわち、ESG2005採択時のテーマは「高等教育におけるパートナーと

しての学生」であり、その進捗を確認する指標は主に機関レベルにおける参加度合いをチェックするものであった。しかしそれでは、学習と教授からあまりに懸け離れており、学生の学習経験の質が考慮されてこなかったという批判があり、ESG2015では「学生中心の学習」を基幹とする改定が行われている。

　では一体、学生が何に・どのように参加すれば、高等教育の質保証につながるのだろうか。そして、学生参加が質保証につながるとすれば、それはなぜなのだろうか。このような問題意識から、本研究では学生参加による質保証に照準を合わせる。

2. 本研究の目的と仮説

　本研究が、理論モデルの構築とガイドマップの開発を目的としている背景には、一つの仮説、および先行事例と研究の進展状況がある。

　教育というサービスは消費者自らがその生産に参加するという特殊な性質を持っている (Rothschild & White, 1995)。学生自身が時間をかけて努力し、学習しなければ、インプットの一部を欠くことになり、意図した成果は生まれない。にもかかわらず、質保証に関する政策あるいは先行研究の多くは、教育の提供者側に、機関や教育プログラムの在り方を問い、これを規定する仕組みに関する議論に終始している。むしろ、適切な学生参加を特定し、質保証システムの構成要素とすることによって、高等教育の質は保証されるのではないだろうか。これが仮説である。

　この仮説をもとに、学生がどのように参加すれば質保証につながるのかを考察する場合、先行事例と研究の進展状況によって研究目的の具体は異なると考えられる。

　確かに、質保証を実現する手段の一つとして ESG は学生参加を採用し、欧州ではこれを支持する見解が支配的である (大場, 2008)。しかし、その効果は実証されていないという指摘もあり、学生の関心が高くないこと、あ

るいは質保証に参加する時間が限定的であるといった問題点も指摘されている。さらに、第三者評価への参加には高い専門性が必要とされることから、一般の学生参加を困難にしている状況も認められる（大場, 2008）。

だからこそ改定が行われたわけだが、ESG2015 において求められている学生参加は質的・量的に拡大しており、この改定によって発生していた諸問題が解決されるか否かは定かではない。

すなわち、ESG2005 および ESG2015 は先端事例ではあるものの、前述の通り依然として適切な学生参加を模索している段階にある。また、関連する先行研究の状況を概観すると、ESG 以外にも複数の理論が競合している状況にある。

したがって、現段階で求められるのは、競合理論の比較検討と新たな理論モデルの構築である。特に、先端事例である ESG には、将来の質保証の種々の仕組みや克服すべき課題が萌芽的に現れていると考えられる。したがって、この ESG を批判的に考察することを通じて、既存の理論の妥当性やその適用範囲を検証したり、新しい変数や因果関係などを新たに発見したりすることが可能となる。さらに、このような事例に基づく理論研究では、分析に用いた事例の範囲を超えて意味を持つことが必要であり、実践的なガイドマップの開発は、構築した理論モデルの有効性を検証するために不可欠であると思われる。

では、どのように複数の理論が競合しているのか。先行研究を概観しておこう。

3. 先行研究

ボローニャ・プロセスは、1999 年のボローニャ宣言への調印に始まる。そこで、それ以降の英文・邦文による先行研究を、「学生参加」および「質保証」「ボローニャ・プロセス」「ESG」というキーワードで検索し文献調査を行った。時期的には、ESG が採択された 2005 年とそれ以降、さらに

ESG が改定された 2015 年以降に区分できる。時期別にその全体状況を確認しておこう。

(1) ESG2005 採択時

　質保証への学生参加が義務づけられたことから、ESG2005 の採択は様々な懸念をもって各国に迎えられたようである。欧州高等教育質保証協会（European Association for Quality Assurance in Higher Education）（ENQA, 2006）によれば、様々な意見がワークショップ参加者から示されている。すなわち、なぜ学生参加を義務化するのか、インタビュー対象では不十分なのか、学生参加の形態や度合いは国によって様々であるのに（すでに義務化されている）スコットランド方式をなぜ採用するのか、学生は大学自治の主体だから参加するのか、傍観者なのか消費者なのか、学生はどう感じているのか、などである。

(2) ESG2005 採択以降

　これらの懸念は、ESG2005 採択移行の先行研究でも継続している。結局のところ、学生は何のために、どのような立場で質保証に参加しているのか不明であり、学生の立場をどう考えるのか、という問いである。

　文献調査によれば、ESG2005 に関する先行研究は、

1）学生消費者主義ないし消費者としての学生を分析したもの（Naidoo & Jamieson, 2005; Tight, 2013 など）

2）学生の立場が、市場化等によって政治的主体から変容しつつあることを分析したもの（Klemenčič, 2012; 井上, 2013 など）

3）質保証に参加する学生の立場を定義しようとしたもの（Alaniska & Eriksson, 2006; Palomares, 2012; Naidoo & Whitty, 2013 など）

に大別できる。

　端的に言えば、先行研究 1）の問題意識は、学生が教育サービスの消費者である側面を不当に強調することに対する警戒である（Naidoo & Jamieson,

2005; Tight, 2013 など）。ボローニャ・プロセスでは、学生は単なる消費者や顧客でないと持ち上げられ、表面的には市民性の涵養が謳われているが、内実はどうなのかがまず問題視されてきた。

　先行研究 2) の関心は、学生の立場の変容である。大学ガバナンスへの学生参加は、形骸化していたとしても（大場, 2008）、欧州の伝統であり各国法令で認められた学生の権利である（Klemenčič, 2012; Bergan, 2011）。にもかかわらず、質保証への学生参加はそれとは異なる形で推移しているという指摘である。この変容を、社会的包摂（市民性教育）から市場化（質保証）への移行と捉えるにせよ（井上, 2013）、政治的役割から、質保証と学生サービスのための助言を行うことに焦点をあてた専門的、委託組織的役割への転化と形容するにせよ（Klemenčič, 2012）、市民性の学校という言葉では言い尽くせない変化が現実には起きているという問題提起が行われてきた。

　先行研究の 3) は、大学自治の主体から質保証のアクターへと再定義された学生の立場をどう考えるのかを問題にしている。究極的には自己投資目的の活動である（Palomares, 2012）としても、そこには利他的行為が含まれており、質保証への学生参加が正当化されるためには、やはり何らかの理論的な裏づけが必要であるという立場である。

　とりわけ、アラニスカ＆エリクソン（Alaniska & Eriksson, 2006）は、質保証における学生の役割を、情報提供者（information provider）および行為者（actor）、学びの専門家（expert in learning）、パートナー（partner）の 4 つに整理しており、学生を特に「学びの専門家」であると位置づけたことは、今日にも影響を与えている。この見解は、後に欧州高等教育質保証協会の副会長ヘルカ・ケカライネン（Helka Kekäläinen）によって欧州圏外での講演でも引用されており（大学評価・学位授与機構, 2014）、ESG2005 に関するほぼ公式の見解と言っても差し支えない。

　しかしながら、大学における学習経験があることをもって直ちに学生を「学びの専門家」と考えることは、理論的混乱のもとになる。「学びの専門家」というメタファーに結びつくことによって、欧州を含む西洋の政策におい

て流行している「学生の声」あるいは学生との「共同生成」という言葉のうちに内包されている「学びの商品化か民主化か」という対立軸が曖昧になるとの指摘もある (Naidoo & Whitty, 2013)。そのため、アラニスカ＆エリクソン (Alaniska & Eriksson, 2006) については、その批判者が前提とする対立軸の妥当性を含めて、あらためて検討する。

(3) 2015 年 ESG 改定以降

　ところで、ボローニャ・プロセスでは、結果として実現が期待される項目のみが一貫して取り上げられ、質保証への学生参加が推進されてきた。その結果、ESG2005 に関する先行研究の議論は必ずしも収斂しないまま、「学生中心の学習」や「学習経験の質」をどのように具体化するかが論点化している。

　文献調査によれば、ESG2015 に関する先行研究は、

1) 引き続き「パートナーとしての学生」にこだわり、その理論的発展を目指すもの (Bovil et al., 2016; Healey et al., 2016 など)

2) ESG2015 に新たに明文化された「学生中心の学習」の意義を考察し、「学生参加」という外形の追求が孕む限界を指摘するもの (Klemenčič, 2015, 2017 など)

3) 改定を契機に「学生参加の意味」を問い直し、ESG2005 において推進されてきた、質保証と本来は無関係の活動を明らかにしようとするもの (Ashwin & McVitty, 2015; Carey, 2018 など)

に大別できる。

　これらの先行研究については Ⅱ 〜 Ⅳ において詳しく検討する。本研究の立場をまとめておけば、1) の「パートナーとしての学生」という考え方に対しては、それを望ましい終点とする価値判断が先行しており、学生参加が常に適切なアプローチとはならないことから批判的である。次に、学生参加が「学生中心の学習」に十分に取り組むことは概念的に不可能であると結論づける 2) の考えは、いささか早計であり、むしろ学生参加の在

14

り方を再考したうえで両者を関係づけるべきであると考える。最後に3)
のように、学生参加の意味を問い直すことは不可欠であるが、これらの先
行研究が提示するモデルには看過し難い問題があると思われる。

　このように整理すると、「学びの専門家」あるいは「パートナー」といっ
たメタファーに依拠するのではなく、学生が何に・どのように参加するの
かという具体的な参加次元・態様を基礎に、なぜその活動が質保証につな
がるのかを明らかにする理論モデルを構築しようとしている点において、
本研究は先行研究には見られない独自性をもつと言うことができる。

---

4. 本書の構成

　以上の考察から、本研究の課題は次の6点にまとめられる。すなわち、
①独り歩きする〈政策ないし組織原理としての質保証〉の問題点とは何
　か
②質はどのように定義されるべきか
③ESG における学生参加はどのように評価できるか
④学生が何にどのように参加すれば高等教育の質保証につながるのか
⑤定義された質の保証はどのように実現されるべきか
⑥適切な学生参加とは何か
である。

　本書は、これらの課題に対応して構成されている。

　II では、質が適切に定義されていないことが一因となって、質保証が独
り歩きしていること、すなわち質保証に、当事者の意図を離れた、それと
は無関係の政治的・象徴的・技術的次元（後述）が派生し、多くの問題が発
生していることを明らかにして、質の定義を行う（①②に対応）。

　III では、ESG2005 および ESG2015 における学生参加の特徴点を示し、
それぞれに関連する先行研究の問題点を検討したうえで、ESG の到達点
と課題を明らかにする（③に対応）。ここまでが、理論モデルを論じるため

の前提作業である。

　Ⅳでは、まず質保証への学生の参加次元と参加態様を特定する（④に対応）。次に内部質保証では組織学習の実践が求められること、また外部質保証との連動を図る必要性があることを論証し（⑤に対応）、適切な学生参加とは何かを明確化する（⑥に対応）。さらに参加によって学生が獲得する能力を整理したのち、学生参加による質保証理論モデルを構築し、先行研究に対する本研究の位置づけを示す。

　Ⅴでは、理論モデルをもとにガイドマップを開発し、個別事例の改善点等を具体的に指摘することよって、理論モデルの有効性を示す。

　Ⅵでは、以上の知見をもとに、学生参加によって高等教育の質はなぜ・どのように保証されるのかをまとめ、日本の高等教育への示唆を得る。

　このように「学生参加による高等教育の質保証」は、質保証と学生参加というそれぞれ奥行きの深いテーマを対象としている。ESG の批判的考察をもとに、その理論モデルを構築しガイドマップを開発することが、本研究の挑戦である。

II　高等教育における質保証概念と質の定義

1. 政策および組織原理としての質保証

　質保証は、国際的に共通の課題として、各国・地域における高等教育政策、あるいは各大学の組織原理として採用されている。しかしながら、それによって保証される質とは何かについては、しばしば議論の対象となってきた。そもそも、質保証における質が定義されていないことから、質保証と質という言葉が混同されて使用されているとの意見もあれば（Harvey, 2006, 2007)、両者の異同を前提としても、「追求すべき質の内容は個々の国や大学、教育課程等毎に定められるべきもの」（大場, 2011, p. 1）との立場もある。そこで、まずは質保証における質の定義、質保証と質の混同、さらに質概念が多義的である理由やその問題点について順次検討を始めよう。

(1) 内部質保証と外部質保証

　質保証は、内部質保証と外部質保証という対概念によって捉えられるのが通例である。例えば UNESCO-CEPES（ユネスコ・ヨーロッパ高等教育センター）によれば、内部質保証とは、「機関（プログラム）の一連の活動に関する質の監視（monitoring）と向上（improvement）に用いられる大学内部の仕組み」であり、外部質保証とは「機関（プログラム）の質の審査・維持・向上のための機関間または機関の上位にある制度」（大場, 2009, p. 178）とされる。

　この関係は、以下の通り図示できる（**図II–1** 参照）。

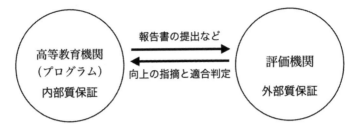

図Ⅱ-1　内部質保証と外部質保証

（出典：山田, 2018, 図1を一部改変）

　すなわち、高等教育機関（プログラム）はいわゆる点検・評価・改善を行う一方、第三者評価ではその活動を報告書にまとめて評価機関に提出する。評価機関は、実地調査などを経て、基準に基づいて長所・助言・勧告などを指摘にすることによって高等教育機関（プログラム）の維持・向上を図り、基準への適合判定を行うことによって当該高等教育機関（プログラム）の質を対社会的に保証する。これが一般的な質保証の仕組みである。

　しかしながら、この対概念による定義は大学内部の営みか否かによって質保証を外形的に区分するにとどまり、それぞれにおいて保証される質が何であるかは明らかにされていない。

(2) 質保証と質の混同

　一方、質保証における質が定義されていないことから、質保証と質という言葉が混同されて使用されているとの見解もある。ハーベイは、知能とIQテストの関係と同様、質とそれを測定する目的や仕組みは異なると主張している。というのも、高等教育における質が、例えば学習の本質に関わるのに対して、質保証は本来、学習プロセスの適切性などについて他人を納得させることに関する事柄だからである（Harvey, 2006, 2007）。

　ハーベイ（Harvey, 2007）は、以下のユネスコの定義についても救い難い混同であると批判しているが、確かにこの定義は、質が多次元的な動的概念であると述べるにとどまり、その内容は必ずしも明らかではない。

　　質（大学）：高等教育における質は、多次元かつ多レベルの動的概念であり、教育モデルの文脈設定、および機関の使命と目的、一定のシステムないし機関、プログラム、学問分野における固有の基準に関係している。（Vlăsceanu et al., 2004, p. 46）

　では、質は果たしてどのように定義されるべきであろうか。この検討に入る前に、質が適切に定義されていないことから、どのような問題が発生しているかを確認しておこう。というのも、質保証が、役に立たず、専門的自律性を脅かす存在である（広田, 2016）のは、質の多次元的性質が原因だと考えられるからである。

2. 質の多次元的性質と質保証

　質を多次元で把握する必要性は一般に認識されており（Harvey & Newton, 2004 など）、これを継承する先行研究が積み重ねられている（Skolnik, 2010 など）。なかでもラミレス（Ramírez, 2013）は、実証主義に基づく技術的に合理的なアプローチによって、高等教育における質の研究は制約を受けていることから、質を技術的次元のみならず、政治的次元、象徴的次元においても捉える必要があると主張している。

(1) 政治的・象徴的次元における「独り歩き」
　技術的次元については、Ⅱ-3 において詳述するとして、ここでは政治的次元と象徴的次元の問題に絞って論を進めよう。
　まず、ラミレスが主張する質保証の政治的次元とは、簡単にいえば、集

団や集団間における権力や支配、自治に関する領域である。例えば、あい
まいな状況における決定と行動方針を質保証活動と呼んで正当化している
に過ぎないにもかかわらず、これを問題視することは機関内では非合理的
だと受けとめられかねない。また高等教育全体についても研究者から管理
的・官僚的なアクターへの権限移譲がアカウンタビリティの名のもとに進
行している（Harvey & Newton, 2004）。

　このような事態が発生するのは、政治的次元においては、質保証の目的
が、内部質保証では統制に、外部質保証ではこれに対する管理にすり替わっ
ているからである。質の改善よりも、（実効性がなくても）上で決まった施策
の実行が要求される（Anderson, 2006）のも、「質保証の定義の中に市場的ある
いは統制的な欲求の広がり」（広田, 2016, p. 39）が見出されるのも当然である。

　一方、象徴的次元とは、本来関係のないものが、何らかの類似性をもと
に関連づけられている領域のことである。質保証活動が高等教育関係者の
ブームとなり、あるいは大学ランキングが一般化するなど、質保証とは本来
無関係の象徴的次元が現実に存在することも、ラミレス（Ramírez, 2013）の指摘
通りであろう。だからこそ、「的外れの指標の横行」（広田, 2016）によって、アカ
デミックな質とは無関係なアウトプットが要求され（Anderson, 2006）、あるい
は学習ではなく「学生の声」（消費者主義）が尊重される（Williams, 2013）のである。

(2) 質保証の目的を実現する概念的道具としての質

　政治的次元や象徴的次元の派生について、ハーベイは質が質保証の道具
的概念になっていることに理由を求めている。すなわち、「質保証の目的
には、アカウンタビリティ、質向上、コンプライアンス、管理が含まれるが、
質それ自体は概念的な道具であって、この道具を通して質保証の目的が実
現されるという関係になっている」（Harvey, 2006, p. 2）と両者の関係を分析し
ている。さらに ハーベイ & ウィリアムズは、*Quality in Higher Education* に掲
載された 15 年分の文献調査を行い、高等教育の質という概念は、目的や
文脈から切り離されるべきでなく、またそこには政治的含意が存在してい

る (Harvey & Williams, 2010) と結果をまとめている。

　とすると、質という概念の内容は質保証の目的に依存しており、政策ないし組織原理としての質保証がいかなる目的を有しているかによって、異なる意味合いを持つことになる。しかしそれでは、高等教育における質保証は、「知識の創造と学生の学習という学術的な努力における中核的な要素に効果的に対処できない」(Harvey & Newton, 2006; Amaral, 2014; Amaral & Rosa, 2014 など) と考えられる。

　したがって、この問題に対処するためには、現状とは逆に、質を適切に定義することから始めなければならないだろう。このように考えると、アウトカムに基づく高等教育の質保証という考え方は、質をアウトカムの観点から捉えることを起点にして、内部質保証と外部質保証の内容を再整理しており、この分野における最も有力なアプローチとなりつつあることも首肯できる。ただし、結論を先取りすれば、この立場こそ実証主義に基づく技術的に合理的なアプローチによる制約 (Ramírez, 2013) を受けていることから、別の問題も発生している。本研究では、アウトカムに基づく質保証というアプローチを基本的に支持する一方で、質を適切に定義することによって問題を予防することを提案したい。

3. アウトカムに基づく高等教育の質保証

(1) 目的に対する適合性としての質からのアプローチ

　アウトカムに基づく質保証は、目的に対する適合性 (fitness for purpose) としての質を、学生が具体的にどのような知識や技能、態度を習得したかというアウトカムの観点から捉え、質保証の目的をアカウンタビリティに焦点化する立場であるといえる。

　このような取り組みの典型例は OECD の「高等教育における学習成果調査」(Assessment of Higher Education Learning Outcomes, AHELO) であるが、ESG においても、「意図した学習成果やプログラムのその他の目的がどの程度達

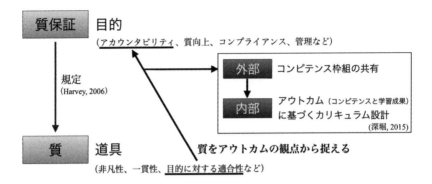

図II-2　道具としての質からアウトカム作成

（出典：筆者作成）

成されたかをアセスメントによって判断するべきであるという考えが支持されており、欧州では高等教育資格枠組を外部質保証と結びつけようとする国々も少なからず存在している」(Amaral & Rosa , 2014, 位置 No. 4799) と指摘されている。

　この動向の背景について深堀 (2015) は、大学教育の質保証原理の変容が進行しており、アウトカム重視に基づく大学教育の質保証アプローチに関心が寄せられてきていると説明している。さらに深堀は、コンピテンス枠組の共有による外部質保証を、アウトカム (コンピテンスと学習成果) に基づくカリキュラム設計による内部質保証の重要な前提とすることによって、質保証の外部と内部の関係を整理している (深堀, 2015) (**図II-2** 参照)。

(2) 技術的次元における「独り歩き」

　しかしながら、実証主義を背景とする技術的に合理的なアプローチは、結果に対する合意を前提に、論理的に問題を解決しようとすることから (Ramírez, 2013)、これに結びつけられることによって、アウトカム重視の質保証は、また当事者の意図とは離れた展開を見せている。

　例えば、ボローニャ・プロセスでは、理解しやすく比較可能な学位の枠組やヨーロッパ共通の単位互換制度の開発が進められている。この欧州の

動向は、「異なるプログラムによって認定される大学の学位を意味のある
ものにするために、何らかの標準が必要であることを前提とした」ことが
特徴である（Banta & Palomba, 2015, p. 8）。

　しかしながら、高等教育機関によるコンピテンス枠組の共有にとどまら
ず、学位の比較可能性を担保する標準が求められた結果、高等教育機関内
部と外部の軋轢は一層深刻化しつつある。というのも、改善のための測定
とアカウンタビリティという要求に応えるための測定の間にある緊張関係
が、容易に見て取れるからである。これは、欧州のみならず米国を含む各
地で共通に見られる現象である（Banta & Palomba, 2015; Harvey & Williams, 2010）。

　問題は、アカウンタビリティという質保証の目的によって、外部の質保
証機関の普及が進み、たとえそれが質を保証し向上を促すうえで不十分な
仕組みであっても、第三者である評価機関による基準適合性審査を受ける
制度が拡大し、すべてを審査の対象とする圧力が高まっていることにある。
また、内部質保証は、より明確な証拠書類の作成と透明性の向上に終始し
ており、外部手続きと内部手続き、教授・学習の向上という三つの結びつ
きは、弱く不完全である（Harvey & Williams, 2010）（**図Ⅱ-3** 参照）。

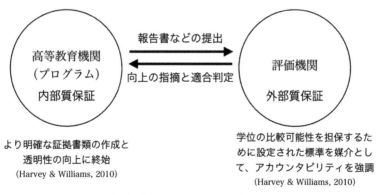

図Ⅱ-3　技術的次元における独り歩き

（出典：筆者作成）

(3) 実証主義による弊害

実証主義とは「構成要素間の規則性や因果関係を探究することによって、社会的世界に生起することを説明したり予測したりしようとする認識論」（バーレル・モーガン, 1986, p. 8）である。この立場は、「世界が本質的に相対的なものであり、研究しようとする対象の活動に直接関与している個人の観点からのみ理解することができる」（バーレル・モーガン, 1986, p. 8）という主観主義とは相容れない。

この実証主義と結びつけられたアウトカムに基づく質保証では、「外形化された標準」によって、達成水準を相互比較したり、序列を伴う評価を行うことになる。例えば、学位に対応する学術的な基準を詳細に定めて学生がそれを達成すること、あるいはアセスメント課題のためのルーブリックによって学生のパフォーマンスに関する精緻な判定に到達することが目指されることになる。しかし、それらの達成水準を相互に比較したり同等とみなすことは原理的に不可能である（Sadler, 2013）。

サドラー（Sadler, 2013）は、「標準に関する明示的な記述を開発する行為」を「コード化」（codification）と呼び、それによって文脈の異なる学生のアウトカムを保証したり、相互に比較することはできないと主張している。すなわち、「達成やパフォーマンスに関する質は、直接観察したり測定したりすることができない。達成ないし獲得のレベルは、アセスメント課題への学生の反応などのエビデンスを基礎とする推論によって構成される。この議論は以下の2点に帰結する。第一に、達成は物理的な変数ではなく、あいまいな境界をもった観念である。第二に、量を割りあてるための記述語は解釈に伸縮性がある。主要な要素および質、量についての意味は、元々、文脈に依存している。それらは、標準ではないし、標準となりえない。文脈は多様であることから、独立したコード化は、異なる時期の異なる文脈の異なる人々によって、コードに固有の方法で解釈されることはありえない。したがって、コード化は、異なるレベルにある学生の達成を判定し報告するための安定した準拠点として使用される標準たることはできない。

このことは、単一のアセスメント課題のためのルーブリックであれ、学位プログラム全体のためのベンチマークスタンダードであれ、同様である」(Sadler, 2013, p. 275)。

この主張は同時に、学生に対する製品メタファーの誤りを根拠づけるといえる。比較の同質性を保証できない以上、工場生産における品質管理とは異なり、標準化による高等教育の質保証は不可能だからである。

なお、サドラー (Sadler, 2013) は、外形化された標準が無意味であると主張しているわけではない。同時期の同一人物が同一文脈で用いれば安定した評価の準拠点として役立つほか、同時期の同一文脈における複数の評価者が複雑な質的判断を一貫して行うために、コード化は有用であるという。したがって、到達度評価ができないわけでも、個人内評価しかできないわけでもない。教育現場では、外形化された標準には意味があるのである。ただし、文脈の異なる学生のアウトカムを、時期や文脈、評価者を限定せずに対外的に保証したり、相互に比較することは、言葉の厳密な意味においては、できないということである。

4. 質の定義

高等教育における質については、幾つかの新たな分類も提案されている。しかし、その多くはハーベイ & グリーン (Harvey & Green, 1993) を参照し、あるいは若干変更したにすぎない (林, 2018)。したがって、その最新版を提示しているハーベイ (Harvey, 2006) を参照しつつ、これまでの考察をもとに質の定義を試みる。

(1) ハーベイによる質の分類

ハーベイは、質保証の概念的道具としての質が、質保証の目的によって多義的であることから、それぞれの内容を整理している (**表Ⅱ-1** 参照)。

アウトカムに基づく質保証を基本的に支持する本研究の立場からは、質

表II-1　ハーベイによる質の分類

質	定義
非凡性 （Exceptional）	「卓越」という考えに結びついた古典的概念で、学術的成果に関する例外的に高い基準として、通常は運用される。基準を超えると、質は達成される。
完全性ないし一貫性（Perfection or consistency）	プロセスに焦点をあて、それが満たすことを目標とする仕様を設定する。この意味における質は、「欠陥がないこと」と「まず修正すること」という相互に関係のある考え方によって要約される。
目的に対する適合性（Fitness for purpose）	生産物やサービスが定められた<u>目的をどの程度充足しているか</u>によって質を判定する。その目的は、要求を満たすために顧客によって定められ、あるいは（教育では）組織の使命（ないし科目の目標）を反映するよう機関によって定められる。
目的の適合性 （Fitness of purpose）	目的の適合性は、ある組織の質に関連した意図が適切であるかどうかを評価する。それによって目的に対する適合性の確認が提供される。このように、<u>本質的に質の定義ではない。</u>
代価に見合う価値 （Value for money）	投資ないし消費の見返りの観点から質を評価する。代価に見合う価値を求めるというアプローチはアカウンタビリティの概念である。教育を含む公的なサービスは、資金提供者に対して責任を負うことが期待されている。次第に学生もまた、高等教育への彼ら自身の投資を代価に見合う価値の観点から考えるようになる。
変容 （Transformation）	質を変化のプロセスと見て、このプロセスは高等教育において彼らの学習経験を通して学生に価値を付加すると考える。教育は顧客に対するサービスではなく、参加者変容の進行プロセスである。このことから、消費者の力を高め、消費者に力を与えるという、教育における二つの変容的価値が導かれる。

（出典：Harvey (2006, p. 6) Table B 4.1-1-1 Definition of quality and standard より、quality部分を訳出のうえ抜粋し、枠線・下線を追記）

とは目的に対する適合性（fitness for purpose）であり、これを学生が具体的にどのような知識や技能、態度を習得したかというアウトカムの観点から捉えることになる。

　しかし、実証主義に結びつけられた結果として発生した問題を予防するために、質の定義にあたってはいくつかの留保が必要である。

　第一に、目的に対する適合性としての質では、「目的をどの程度充足しているかによって」質を判定することになっている。しかし、文脈の異な

る学生のアウトカムについて比較の同質性を限定なく対外的に保証できない以上、その目的を充足している度合いは、一定の範囲内における学習経験の文脈性（contextuality）から解釈されることになる。第二に、「判定する」際に、何らかの学術的基準を達成したと判定することは、時期や文脈、評価者を限定して初めて可能となる。それらを限定せずに何らかの学術的基準を達成したことを、異なる時期の異なる文脈の異なる人々に対して一般的に保証することはできない。したがって判定によって可能なことは、当該の学習経験の文脈性における「向上」[1]を対外的に保証することのみである。すなわち、時期や文脈、評価者を限定して、時間軸における二地点の達成度を比較することにより、ある目的に対する充足度の向上が見られたときに、教育の質が保証できる。

　なお、目的の適合性（fitness of purpose）について、ハーベイ（Harvey, 2006）は、それ自体は質の定義ではないと説明しているが、目的に対する適合性を判定する論理的な前提として、その目的が高等教育に相応しいものでなければならないことは明らかだろう。

(2) 高等教育における質

　以上を整理すると、高等教育における質とは、「機関（プログラム）レベルにおいて、①高等教育に相応しい目的が設定され、②その目的の充足度合いから、学生の学習が向上していると、一定の範囲内における学習経験の文脈性（contextuality）から解釈されること」であると定義できる。

　「高等教育に相応しい目的」とは、例えば「見識ある市民（well-informed citizen）と、ある分野での専門家（experts in a discipline）の育成」（Schutz, 1946）などである。

　「向上」とは、「学習目標・経路・環境に介入することによって、学習プロセスとプロダクトが向上すること」である。ここで、プロダクトだけではなく、プロセスを考察の対象とするのは、評価課題や評価しようとする学習成果によって、プロセスとプロダクトの関係は異なるからである。例

えば、卒業論文は、プロダクトだけでほぼ学習成果を評価できる課題である。一方、演劇による問題基盤型学習（Project-Based Learning）では、上演された舞台というプロダクトだけでなく、参加者が上演に至るまでに果たした役割などのプロセスも見なければ学習成果を評価できないと考えられる（松下他, 2017）。

注

1 ハーベイ（Harvey, 2006）は、変容（transformation）としての質を、非凡性や目的に対する適合性に対するメタ概念と位置づけ、さらにハーベイ（2007）では、実証主義批判の立場から、現象学や批判的弁証法による質の捉え直しに着手している。しかし後者は導入的研究と本人が断っている通り未完であることから、本研究では「変容」という用語を使用していない。

III　ESG における学生参加による質保証

1. パートナーとしての学生

(1) ESG2005 における学生参加

　ESG2005 では、基準とガイドラインの目的は、高等教育機関にも質保証機関にも等しく用いられる共通の準拠枠の確立に貢献することであって、規範や不変なものとしてみなされるべきではないと説明されている。また、ガイドラインは優良実践例に対する付加的な情報を提供し、時には基準の意味と重要性を詳説するものであり、基準の一部ではないが合わせて考慮する必要があると付記されている (ENQA, 2005)。

　ESG2005 が学生参加に言及しているのは以下の 4 カ所である。

第 1 部：高等教育機関内部の質保証に関する欧州基準とガイドライン
- 1.1 質保証の方針と手続き
  (基準) 学生および他のステークホルダーの役割が含まれるべきである。
  (ガイドライン) 質保証への学生の関与 (involvement)
- 1.2 教育プログラムと学位の承認、監視、定期的レビュー
  (ガイドライン) 質保証活動への学生の参加 (participation)

第 2 部：高等教育の外部質保証に関する欧州基準とガイドライン
- 2.4 目的に合ったプロセス

（ガイドライン）学生を参加させること（participation）

第3部：外部質保証機関に関する欧州基準とガイドライン
- 3.6 独立性

（ガイドライン）質保証プロセスの中で、高等教育の関連ステークホルダー、特に学生／学習者の意見が求められるが、質保証プロセスの最終的な結果については質保証機関が責任を負うこと

学生参加を基準としているのは、「質保証の方針と手続き」（1.1基準）のみである。また、基準・ガイドライン全体では、学生は「ステークホルダー」の一部であり、外部質保証では「学生／学習者」として特に重視されている。

(2) アラニスカ＆エリクソンによる「質保証における学生の4つの役割」と問題点

ESG2005の採択を受けて、アラニスカ＆エリクソン（Alaniska & Eriksson, 2006）は質保証における学生の役割を4つに整理している。

- 情報提供者（information provider）
  フィードバックを提供する。
- 行為者（actor）
  アンケートを（時には教員と協力しながら）デザインして、フィードバックを集めて、分析する。
- 学びの専門家（expert in learning）
  学生は、彼らが学習成果にどのように到達して、教育がどのように彼らを補助したのかを知っている。したがって教育は、学生の学習経験を通して、また現実にどのように学習プロセスを補助したのかを基礎に評価されるべきである。
- パートナー（partner）

　　学びは教員と学生の緊密な関係を通して達成される。学生をパート
　　ナーとして扱い、気楽で建設的な雰囲気を大学につくりだすのはス
　　タッフの責任である。

　学びの専門家という位置づけは、やはり問題である（I-3-(2)参照）。確かに、
「教育は、学生の学習経験を通して、また現実にどのように学習プロセス
を補助したのかを基礎に評価されるべき」だろう。しかし、「学習成果に
どのように到達して、教育がどのように彼らを補助したのかを知っている」
学生は、むしろ少数だと思われる。したがって、大学における学習経験が
あるからといって、直ちに学生を学びの専門家と考えることはできない（山
田, 2016）。
　また、そうであるならば、学生からの「フィードバック」を単純に集め
た結果をもとに評価しても、学習経験や学習プロセスが適切に評価できて
いるかどうかは疑わしい。つまり、ステークホルダーとしての意見を聴取
することは可能だが、その有効性に疑問が残るのである。これは、質保証
に対していわばステークホルダー・アプローチを採用する ESG2005 の本
質に関わる問題である。ステークホルダー・アプローチは「学びの商品化
か民主化か」（Naidoo & Whitty, 2013）と問われれば、「学びの商品化」と考えて
ほぼ間違いないだろう。教育というサービスは消費者自らがその生産に参
加するという特殊な性質を持っている（Rothschild & White, 1995）。しかし、学
生は学びの専門家ではない。したがって、他の公的サービスとは異なり、
教育ではサービス利用者の参加を求めその意見を採用することによって、
サービス向上が可能となるとは限らない（山田, 2016）。ゆえに学生による「学
びの商品化」には問題があるのである。ただし、学びの民主化が質保証に
とって正しいアプローチとは限らない。そもそも、この問いの立て方には、
パートナーシップが望ましい終点であるという価値判断がすでに入ってい
る（Ashwin & McVitty, 2015）ことも問題である。この点については、Ⅳ で詳述
する。

(3)「パートナーとしての学生」参加の追求とその問題点

ESG が改定された 2015 年以降も、「パートナーとしての学生」にこだわり、その理論的発展を目指す研究は継続されている。

まず、ボービル他 (Bovil et al., 2016) が提示しているモデルを見てみよう（**図 III-1** 参照）。

学習と教授に関する価値のある視点を共有し討議する役割 (Consultant) とそのほかの共同研究者 (Co-researcher)、教育学的な共同設計者 (Pedagogical co-designer) の実践が色づけされ、相互に排他的ではないことを交わり部分によって示している。ただし、代表 (Representative) としての役割は、機関の意思によって統制できないことから輪郭のみの円で表記され、ひとまず考察の対象から外されている。

ヒーリー他 (Healey et al., 2016) は、同様の分類をさらに精緻化したモデル

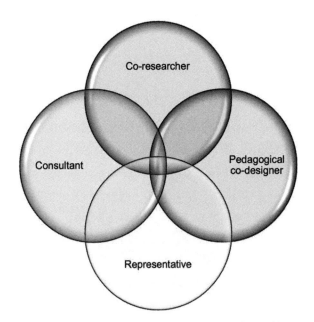

図III-1　学習と教授の共創における学生の役割

（出典：Bovil et al., 2016, p. 198, Fig.1）

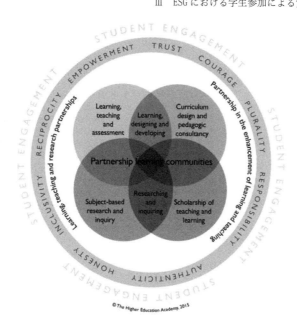

図Ⅲ-2　高等教育の学習と教授におけるパートナーとしての学生

（出典：Healey, 2016, p. 2, Fig.1）

を提示している（**図Ⅲ-2** 参照）。

　こちらはやや複雑である。パートナーシップの対象について、「学習・教授・研究」（learning, teaching, and research）と「学習・教授の質向上」（enhancement of learning and teaching）を左右に配置し、上下には、共同で取り組む「学習・設計・開発」（learning, designing and developing）と「研究・探究」（researching and inquiring）という機能を配置して、これらの交点に「パートナーシップ学習共同体」（partnership learning communities）という固有の領域が成立すると主張している。外縁に「学生参加」（student engagement）を配置しているが、その全てが「パートナーシップ」となるわけではなく、太い外枠で示された「信頼・勇気・複数性・責任・真正性・誠実さ・包括性・相互依存・権限付与」がパートナーシップの前提となることも明らかにしている。

　これらの研究について、アシュウィン＆マクビティ（Ashwin & McVitty, 2015）は、参加対象が複雑に配列されていることやモデルごとに参加対象

が異なっていることを理由に批判的である。確かにその批判は的を射ているが、逆にこれらのタイプの研究は、学習と教授における学生の役割について、多様な着想を得られるイメージ図としては有用であるともいえる。

　しかしながら、学生の経験を単純化かつ画一化しており、非現実的であることがむしろ問題である。すべての学生が知識の共同生成などに従事する能力と希望を持っているわけではないからである (Tight, 2013)。

　確かに、教育というサービスは消費者自らがその生産に参加するという特殊な性質を持っている (Rothschild & White, 1995)。とはいえ、学生は学びの専門家ではない (III-1-(2) 参照)。また、すべての学生が知識の共同生成などに従事する能力と希望を持っているわけでもない。したがって、パートナーシップが常に適切なアプローチになるとは限らない。にもかかわらず、ボービル他 (Bovil et al., 2016) では、その有効性の境界が明らかにされていないことが問題なのである。

　ヒーリー他 (Healey et al., 2016) は、この批判に応えるために、ヒーリー他 (Healey et al., 2014) をさらに改定したモデルを提示してパートナーシップが有効な領域を特定しようとしているが、信頼、勇気などの境界線は漠然としており、またそこには、アラニスカ & エリクソン (Alaniska & Eriksson, 2006) 同様、パートナーシップが望ましい終点であるという価値判断がすでに入っていると思われる。パートナーというメタファーに依拠してその範囲を特定しようとするこの方法では、その価値判断を前提としているため、なぜそれが有効であるかを示すことはできないだろう。

2.「学生中心の学習」の導入

(1) ESG2015 における学生参加とその問題点

1) 改定内容

　改定された ESG2015 では、質保証への学生参加が大幅に拡充されている。関連する前後の記述を含めて、該当部分を一覧しよう。

　なお、ESG2015 における基準は、「欧州高等教育圏における高等教育の質保証のために受諾された活動を提示している。したがって、あらゆる種類の高等教育規定において、関係者によって考慮され遵守されるべきである」と記述されており、ESG2005 よりも規範としての位置づけが強調されている (ENQA et al., 2015, p. 9)。

　また、ガイドラインは ESG2005 と同様、「なぜ基準が重要であるかを説明し、どのように基準が実行されうるかを説明している。関連する領域の優れた実践を詳説し、質保証に関わるアクターの検討材料としている。背景が異なれば、実践も変わる」と説明されている (ENQA et al., 2015, p. 9)。

<u>第 1 部：内部質保証に関する基準とガイドライン</u>

- 1.1 質保証の方針

　　(基準) 高等教育機関は、質保証に対する方針を持ち、これを公表し、戦略的経営の一環とすべきである。内部のステークホルダーは、この方針を発展させ、かつ実行すべきあり、適切な構造とプロセスを手段とし、外部のステークホルダーの関与 (involving) も受ける必要がある。

　　(ガイドライン)

　　　質保証に対する方針は、…機関の指導層および個々の教職員、学生など質保証に責任を負う者を支援する。

- 1.2 プログラムの設計と承認

　　(基準) 高等教育機関は、そのプログラムを設計し承認するプロセスをもつべきである。プログラムは、予定されている目標を、意図された学習成果を含めて、達成するよう設計されるべきである。プログラムによってもたらされる資格は、明確に特定され表現されるべきであり、当該国の高等教育資格枠組の正確なレベルと、結果として欧州高等教育圏資格枠組を参照するべきで

ある。

（ガイドライン）

　プログラムは、…学生と他のステークホルダーの作業への関与
（involving）を得て設計される。

- 1.3 学生中心の学習・教授・評価

　（基準）学習プロセスを創造する際に学生が積極的な役割を果たすこ
　　とを奨励する方法で教育プログラムが実施されること、また学
　　生の評価はこの取り組みを反映することを、機関は保証しなけ
　　ればならない。

　（ガイドライン）

　　学生中心の学習と教授は、学習プロセスにおける学生の動機づ
　　け、および自己省察、関与を促すうえで、重要な役割を果たす。
　　このことは学習プログラムと成果の評価に関する設計と実施に
　　ついて注意深く考慮することを意味する。

　　学生中心の学習と教授は、

　　　─学生とそのニーズの多様性を尊重・留意し、柔軟な学習経
　　　　路を可能とする。

　　　─必要に応じて、異なる実施手段を検討し活用する。

　　　─様々な教授法を活用する。

　　　─実施手段と教授法を定期的に評価して調整する。

　　　─学習者の自立心を励まし、一方で教員からの十分な助言と
　　　　支援を確保する。

　　　─学習者と教員が相互に尊重し合うことを促進する。

　　　─学生の不満に対応する適切な手続きを備える。学生の進度
　　　　に対する評価と学生の将来の就職の重要性を考慮して、評
　　　　価に対する質保証手続きは以下を考慮に入れる。

　　　　　─評価者が、現行の試験・調査方法に精通し、その分野

　　　　固有のスキルを発展させるための支援を受けること。
　　　　―評価基準・方法および採点基準があらかじめ公表され
　　　　　ていること。
　　　―評価の際、意図された学習成果をどの程度達成したのかを
　　　　学生が示す機会があること。学生はフィードバックを受け、
　　　　それが、必要ならば学習プロセスに対する助言に結びつい
　　　　ていること。
　　　―可能であれば、評価は 2 名以上の試験官によって行われる
　　　　こと。
　　　―評価規定が、情状酌量のための軽減措置(mitigating circum-
　　　　stances)を考慮していること。
　　　―評価が一貫していて、すべての学生に公平に適用され、定
　　　　められた手続きに沿って実施されていること。
　　　―学生の不服申立てに対する公式手続きが整っていること。

・ 1.6 学習資源と学生支援
　(ガイドライン)
　　　　多様な学生構成(例えば、熟年者や非正規生、被用者、留学生、障
　　　　がいを持つ学生)によるニーズ、および学生中心の学習と柔軟な
　　　　学習・教授法への移行は、学習資源と学生支援の予算化・計画
　　　　化、提供時に考慮される。

・ 1.9 プログラムの継続的モニタリングと評価
　(ガイドライン)
　　　　以下の評価を含む…プログラムに関連した学生の期待、および
　　　　ニーズ、満足。…プログラムは、学生と他のステークホルダー
　　　　の関与(involving)を得て、定期的に評価を受け見直される。

第2部：外部質保証に関する基準とガイドライン

- 2.4 ピアレビュー専門家

　　（基準）外部質保証は、1名ないし複数の学生メンバーを含む専門家
　　　　集団によって実行されるべきである。

　　（ガイドライン）

　　　　外部質保証の中心にあるのは、専門家であるピアによって提供
　　　　される幅広い専門知識であり、多様な視点から情報を提供する
　　　　ことを通して質保証機関の仕事に貢献する。専門家には、高等
　　　　教育機関に所属する者、および教員、学生、被用者ないし職業
　　　　実務家が含まれる。

　　　　専門家の業務に価値と一貫性が確保されるよう、専門家は、
　　　　　　―注意深く選任される。
　　　　　　―適切なスキルを持ち、任務を遂行する能力がある。
　　　　　　―適切な研修および／またはブリーフィングによって支援さ
　　　　　　れる。

2) 構成および内容の特徴、ならびに問題点

　「質保証に責任を負う者」（1.1ガイドライン）と表現されているが、内部質
保証における学生の立場は、「ステークホルダー」（1.1基準）としての責任
である。「プログラムの設計と承認」（1.2ガイドライン）と「プログラムの継
続的モニタリングと評価」（1.9ガイドライン）も、ESG2005と同様、「ステー
クホルダー」としての参加と明記されている。

　なお、「学習資源と学生支援」（1.6ガイドライン）は、財源確保の要請である。

　とすると、「学生中心の学習・教授・評価」（1.3基準）のみが、「学生中心
の学習」を基幹とする改定（Gover et al., 2015）となる。

　しかしながら、外形的には同じ参加であっても、ステークホルダーとし
て意見を述べることと、その活動によって「学習プロセスを創造する際に

学生が積極的な役割を果たす」(1.3 基準) ことは別の話である。異なる原理
によって学生参加が要請されており、両者は関連づけられていない。した
がって、この改定を経てもなお、学生参加によって高等教育の質がなぜ・
どのように保証されるかは定かではない。

　なお、外部質保証は、「1 名ないし複数の学生メンバーを含む専門家集団」
によって実行され (2.4 基準)、「専門家には、…学生…が含まれる」(2.4 ガイ
ドライン) と記述されてはいるが、専門家としての要件が定められており、
学生であれば誰でも外部質保証に参加できるわけではない。また「専門家
には、高等教育機関に所属する者、および教員、学生、被用者ないし職業
実務家が含まれる。」(2.4 ガイドライン) とされていることから、外部質保証
に参加する学生の立場は、結局のところ、外部のステークホルダーとして
の参加と考えられる。

　にもかかわらず専門家に学生を含めることは、2.4 基準に定められてい
ることから必須の要件である。ここに、「学びの専門家」という考え方が
反映していることを読み取るのは困難なことではない。

　では、「ステークホルダー」としての学生参加と「学生中心の学習」の関
係は、どのように考えるべきなのだろうか。Ⅲ では、この問題に関連す
るクレメンシック (Klemenčič) の研究について考察し、その他の先行研究に
ついては、理論モデルを構築する Ⅳ において検討する。

(2) クレメンシックによる「学生中心の学習の意義」とその問題点

　クレメンシックは、新たに明文化された「学生中心の学習」の意義を考
察し、「学生参加」という外形の追求が孕む限界を指摘している。

　「学生中心の学習」(Student-centered Learning) という言葉は、ボローニャ・
プロセスにおいて何度も言及されている。そこで、クレメンシックはその
政策文書を精査し、「学生中心の学習」はメタ概念であり、以下の三つの
含意があると主張している。一つは、個人の学習を促進する教育学的概念
であり、アクティブラーニングとほぼ同義である。さらに、学習共同体の

発展のための文化的枠組や学習システムを支える諸手段を意味することも
あるという (Klemenčič, 2017)。

　この文献調査をもとに、クレメンシック (Klemenčič, 2015, 2017) は、「学生
中心の学習」の根本的な関心事は、学生参加として示される学生の活動の
多様性ではなく、学生の主体性などの「学習環境や学習経路に介入し影響
を与える学生の能力」(Klemenčič, 2017, p. 71) に対する性向にあると結論づけ
る。そこから、先行研究において「学生中心の学習」の本質的要素として
強調されているのは、学生の自主性、自律性、選択の自由であり、「学生
参加」ではこれらの要素に十分に取り組むことが概念的にできないと主張
するのである。

　確かに、「学生中心の学習」は、学生の「学習経験の質」を考慮するため
に導入されたものであり (Gover et al., 2015)、従来のステークホルダー・ア
プローチとは異質のものである。また、学生参加によって学生個別の自主
性、自律性、選択の自由に大学が取り組むことができるか否かは、両者を
関係づけていない ESG2015 の基準・ガイドラインからは明らかではない。

　しかしながら、ガバー他 (Gover et al., 2015) が指摘するように、「学生中心
の学習・教授・評価」(1.3 基準) の影響は、プログラム設計への参加 (1.2 ガ
イドライン) やプログラムの継続的モニタリングと評価への参加 (1.9 ガイド
ライン) など広範囲に及ぶ。これほど多様な活動に学生が参加するにもか
かわらず、それらは「学生中心の学習」の本質的要素と概念的に無関係で
あると決めつけるのはいささか早計であろう。

　クレメンシックの主張が、「ステークホルダーとしての学生参加」と「学
生個人の学習経験を考慮するための学生中心の学習」が異質であるとの指
摘であれば首肯できる。しかし、本研究はそのステークホルダーとしての
参加、それ自体の有効性を疑問視している。したがって、本研究の課題は
それ以外の立場を前提とする適切な学生参加を特定すること、さらにその
学生参加によって、定義された質の保証はどのように実現されるかを考察
することである。

(3) ESG2015 の到達点と課題

　Ⅲ-2 では、ESG2015 の問題点を、「ステークホルダー」としての学生参加と「学生中心の学習」が関係づけられていないことにあると捉え、これに関連する先行研究について考察してきた。

　「学生中心の学習」という新たな概念は、ESG2005 以降の学生参加では十分に取り組めない (Klemenčič, 2015, 2017) のではなく、むしろその両者をどう関係づけるのかが課題である。ただし、ステークホルダー・アプローチでは有効な意見聴取は必ずしもできないという ESG2005 の問題をESG2015 はそのまま継承していることから、両者を単に結びつけるだけではなく、学びの民主化についてその当否を検討することを含めて、新たな理論的アプローチが求められる。

　続く Ⅳ では、そのための考察を行い、理論モデルの構築を行う。その前提として、Ⅲ-2 の考察によって明らかになった ESG2015 の到達点と課題をまとめておこう。

1) 到達点

　内部質保証ではガイドラインにおいて、ステークホルダーとしての学生参加の範囲を、単純な意見表明から「プログラムの設計と承認」と「プログラムの継続的モニタリングと評価」に拡大し、基準では、ステークホルダーとしての学生を〈質保証に責任を持つ、組織における当事者〉と表現した。

　さらに、学生の学習経験の質を考慮するために「学生中心の学習・教授・評価」を基準化し、また学生中心の学習と柔軟な学習・教授法への移行などを目的とした財源確保と活用を、ガイドラインにおいて機関に要請した。

　外部質保証では、学生を含む専門家集団による実施を基準として義務化した。

2) 課　題

　「学生中心の学習」を新たに導入したことから、従来の「ステークホル

ダー」としての学生参加と「学生中心の学習」が関係づけられていないという問題が顕在化している。学生参加が質保証につながるには、学生が何に・どのように参加すれば良いのかを客観的に示し、学生参加が質保証につながるのはなぜなのかを、ステークホルダー・アプローチの限界を踏まえて、明らかにすることが必要である。

IV 「学生参加による質保証」理論モデルの構築

　理論モデルの構築にあたって、その前提となる III までの考察結果をまとめ、さらに IV の構成を紹介しておこう。

　まず、II では、政策ないし組織原理としての質保証が独り歩きする原因の一部を質の未定義に求め、その定義を行った。高等教育における質とは、機関（プログラム）レベルにおいて、①高等教育に相応しい目的が設定され、②その目的の充足度合いから、学生の学習が向上していると、一定の範囲内における学習経験の文脈性（contextuality）から解釈されることである。ここで言う「向上」とは、学習目標・経路・環境に介入することによって、学習プロセスとプロダクトが向上することを意味している（図IV-1 参照）。

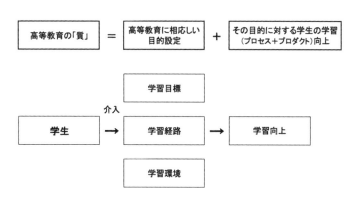

図IV-1　高等教育の質の定義

（出典：筆者作成）

　この高等教育における質の保証が学生参加によって実現されるためには、第一に、学生が何に・どのように参加することが「介入」となり学習が向上するのかを明らかにすることが必要である。

　そのため IV では第一に、アシュウィン＆マクビティ（Ashwin & McVitty, 2015）が提示したモデルを批判的に検討して、質保証への学生参加次元と態様を特定する。

　第二に、III で考察した通り、ESG2015 の課題は、有効性が疑問視されるステークホルダー・アプローチを継承したまま、学習者中心の学習という新たな原理を導入していることにある。そこで IV では、質保証における学生の立場を「組織学習に不可欠の学習当事者」と捉える新たなアプローチを提起する。

　すなわち、アカウンタビリティの遂行のために本来業務のパフォーマンスが低下して成果が出ない「アカウンタビリティのジレンマ」に関する考察から、質保証が独り歩きする別の要因が、組織の学習不全にあることを明らかにしたうえで、ダブル・ループ学習（Argyris, 1982）という組織学習理論を活用することによって、なぜ学生は質保証に参加しなければならないのか、また適切な学生参加とは何かを明らかにする。

　さらに参加によって学生が獲得する能力を整理したのち、質保証理論モデルを構築する。また、先行研究に対する位置づけを図解して本研究の独自性を示す。

1. 何に・どのように参加するか

(1) アシュウィン＆マクビティによる「学生参加の意味」とその問題点

　アシュウィン＆マクビティ（Ashwin & McVitty, 2015）は、「学生中心の学習」が導入されたことを契機に、曖昧な「学生参加」の意味を問い直し、ESG2005 において推進されてきた、質保証と本来は無関係の活動を明らかにしようとする。

　確かに、アシュウィン＆マクビティが指摘するように、参加あるいは関与 (Engagement, Involvement, Participation) という言葉自体がまず多様かつ曖昧である。最近は、学習活動にも、カリキュラム開発にも、質保証にも、機関のガバナンスにも用いられており (Coates & McCormick, 2014; Kuh, 2009; Trowler, 2010)、何に参加するのかが明らかでないことが多く (Kahu, 2013 など)、たとえ対象を特定していても (Healey et al., 2014; Trowler, 2010 など)、複雑に配列されていることが確認でき、さらにはモデルごとに対象が異なっているからである。つまり、特定の学習活動なのか (米国の National Survey of Student Engagement: NSSE[1] など)、科目なのか (英国の National Student Survey: NSS[2]、豪州の Student Experience Survey: SES[3] など)、プログラムにおいて学ぶ知識なのか (Ashwin et al., 2014)、対象が一致していないのである (Ashwin & McVitty, 2015)。

　このような問題意識から、アシュウィン＆マクビティは、学生が「何に」参加しているのかをまず明らかにするために、以下のモデルを提示している（**図IV-2** 参照）。

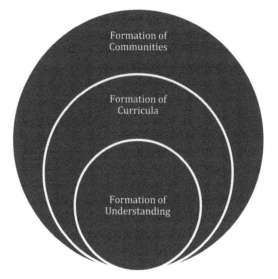

図IV-2　学生参加の対象に関する入れ子構造の階層

（出典：Ashwin & McVitty, 2015, p. 346, Fig.1）

　学生参加を「理解の形成」(Formation of Understanding) 中心の活動と位置づけるのは、学生が知識との重要な関係を発展させるからこそ、大学は「高等」教育といえるからであり、「学生中心の学習」が導入された ESG2015 における学生参加は、理解形成への参加となることが常に前提となるとの主張である。

　そのうえで、「どの程度（どのように）」参加するかは、パートナーシップを望ましい終点とする価値的判断を避けるために、対象が変化しないのか変化するのか、さらに新たな創造を行うのかによって、協議 (Consultation)、協力 (Partnership)、主導 (Leadership) の三つに区分している (Ashwin & McVitty, 2015)。

　この整理は単純明快であり、ESG2005 や ESG2015 の特徴や限界点が浮き彫りになる。例えば、豪州・英国等における学生参加 (Student Engagement) が、「理解の形成」(Formation of Understanding) であるのに対して、ESG2005 以降のボローニャ・プロセスにおける学生参加は主要には「共同体の形成」の取り組みである (Klemenčič, 2012)。さらに、「学生の声」を機関に反映する活動は、ESG2005 以降のボローニャ・プロセスで推進されてきたが、「共同体の形成」に関する学生との「協議」を大学に義務づけることは、学生の主体性を損なう可能性があり、本来は質保証システムの一部ではないとする主張も、その限りにおいて理解はできる。

　しかしながら、あるべき論はともかく、カリキュラムや共同体形成への参加がどのように理解の形成につながるかが不明である。しかも、知の構造 (ウィギンズ・マクタイ, 2012) やコンピテンシー (European Commission, 2007 など) に関する議論を待つまでもなく、知識との重要な関係を発展させることの重要性は高等教育だけではなく、初等・中等教育においても強調されていることから、高等教育の質保証への学生参加を、特に「理解の形成」中心の活動と位置づけることには根拠がない。形成の対象としての共同体・カリキュラム・理解を包含関係と考えることできるかという点も問題であろう。

　さらに、参加態様が学生主導(Leadership)の場合、その具体例が、学生運動(共同体形成レベル)、抗議活動・課外自主学習会(カリキュラム形成レベル)、新奇な学術知識の創造(理解形成レベル)となることから、これらは質保証とは無関係の活動であり、質保証における学生主導が必ずしも望ましい結果を生むとは限らない根拠となるとアシュウィン＆マクビティは主張しているが、これには首肯しがたい。

　学生主導による新たな創造が、共同体・カリキュラム形成レベルでは、学生運動や抗議活動といった機関外の活動になるのは、想定されている主導が権限を前提としているからである。権限がなくても、目標を設定し、率先垂範し、他者支援を行うという事実上の主導も可能であり、むしろそれこそが望ましいリーダーシップであるともいえる(日向野・松岡 2018, クーゼス・ポズナー 2014)。さらに、対象を「理解」とするから、そこでの新たな創造が新奇な学術知識となるのであって、主導が問題なのではなく対象設定に誤りがあるのである。

　ただし逆に、何に参加しているかという対象を精緻に特定しようとすると、ヒーリー他(Healey et al., 2014, 2016)のように配列が複雑になる(Ashwin & McVitty, 2015)。アシュウィン＆マクビティモデルの有効性はその単純明快さによる。したがって、本研究では、参加「対象」ではなく、参加「次元」をシンプルに特定するところから、理論モデルの構築に入る。

(2) 質保証を目的とする学生参加の次元と態様による分類

　質保証への学生参加の在り方を客観的に特定するために参加次元を設定するのであれば、その項目は機関・プログラム・科目とするのが以下の理由から適切であろう。

　まず共同体という言葉を用いないのは、「学問／教育共同体」「学びの共同体」「実践共同体」などすでに高等教育において特定の意味合いで用いられている(杉原, 2006)からである。他の次元を「プログラム」「科目」とするのは、教員集団による合意が必要な次元と担当教員による変更が比較的自

由な次元を切り分けることを目的としている。なお、「カリキュラム」という次元設定をしないのは、カリキュラム自体は他の次元にも存在していること、また機関・プログラム・科目という外部質保証において一般的に用いられている区分に揃えられることによる。さらに、「授業」という次元については、学生がその能動的な参加者となることの重要性は一般に共有されていること、また「科目」の中に統合できると考えられることから、設定は行わない。

次に参加態様については、アシュウィン＆マクビティの協議・協力・主導という区分では不十分である。授業アンケートや学生調査などを想起すれば、むしろ「協議」されないことが問題であり、そこでは学生は情報提供者 (Alaniska & Eriksson, 2006) にすぎないことから、端的に「情報源」とすべきだろう。また、「協力」にも、大学が用意した仕組みに単に参加することもあれば、対等な立場で議論する事態が存在することもありえることから、「補助」と「協同」の二レベルが必要である。さらに、「主導」については、先に言及した通り (IV-1-(1) 参照)、権限を前提としない目標設定・率先垂範・他者支援全般を含むこととする。

このように考えると、質保証への学生参加の次元と態様は、以下の 12 象限に整理することができる (**表IV-1** 参照)。

表IV-1　参加次元・態様の分類

次元　＼　態様	情報源 Data Source	補助 Assitance	協同 Cooperation	主導 Leadership
機関 Institution				
プログラム Program				
科目 Course				

(出典：筆者作成)

　態様では、情報源から主導へと参加の程度が深まることをグラデーションで示している。一方、参加次元は非線形的である。例えば、機関レベルでの参加は、必ずしも科目レベルの参加に結びつくとは限らないからである。

　なお、情報源としての行為を「学生参加」に含めるのは、タイト（Tight, 2013）が指摘するように、大学には多様な学生が在籍しており、すべての学生が知識の共同生成などに従事する能力と希望を持っているわけではないからである。学生参加の多様性を捉えるためには間口は広く設定する方が良いだろう。

　ちなみに、この分類の具体例を示すと以下のようになるだろう（**表IV-2** 参照）。

　機関評価やプログラム評価は、その運営に関する責任主体は提供者であることから、これらに参加することは「補助」に分類している。フォーカス・グループとは、授業アンケート実施後に、回答結果を深く理解するために受講者の一部を集めて実施するグループ・インタビューのことである。

　このように分類すると、理論的にはありうるが、必ずしも一般的ではない象限も存在する。機関レベルの主導といえば、パリ大学と並んで大学の起源とされる中世ボローニャ大学であろう。学生中心に大学が設立・運営された歴史的事例である（吉見, 2011）。さらに、プログラムレベルの主導で

表IV-2　参加次元・態様と具体例

次元＼態様	情報源 Data Source	補助 Assitance	協同 Cooperation	主導 Leadership
機関 Institution	大学評価における学生インタビュー	機関評価	学生理事	（中世ボローニャ大学）
プログラム Program	学生調査	プログラム評価	共創カリキュラム	（金融危機後の英国・経済学部カリキュラム改革）
科目 Course	授業アンケート	フォーカス・グループ	授業評価のデザイン・分析	学生発案型科目

（出典：筆者作成）

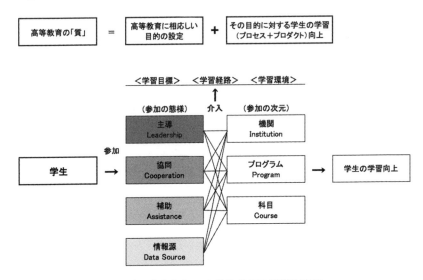

図IV-3　介入としての学生参加の態様と次元

(出典：筆者作成)

は、リーマン・ショック後に金融危機に対応できるカリキュラム改革を求めて成功した英国のマンチェスター大学における経済学部の学生参加事例がある (Ashwin & McVitty, 2015; Bitzer et al, 2015)。

　さて、質保証への学生参加次元と態様がこのようにして特定される場合、学習目標・経路・環境への介入としてのその参加によって、学生の学習 (プロセスとプロダクト) が向上するためには何が必要なのだろうか。IV-2 以降、その仕組みを順次解明していく。ここでは IV-1 の考察結果をまとめておこう (図IV-3 参照)。なお、参加次元・態様は、時間軸に沿って理論モデルを構築するために、それぞれ縦に配置している。

2. 保証をどのように実現するか

(1) アカウンタビリティのジレンマ

　アウトカムに基づく質保証とは、目的に対する適合性 (fitness for purpose)

としての質を、学生が具体的にどのような知識や技能、態度を習得したかというアウトカムの観点から捉え、質保証の目的をアカウンタビリティに焦点化する立場であった (Ⅱ-3-(1) 参照)。

　ところで政策評価の分野では、このアカウンタビリティ概念は、多様な意味合いを持つ歴史的概念であり、すでにいくつかの問題が指摘されてきた。とりわけ、「アカウンタビリティ確保のための作業負荷が増え続け、物理的には本来業務にまわすべき労力を大きく侵食し、本来業務の実績 (パフォーマンス) が低下して成果が出ない」(山谷, 2006, pp. 209-210) 状況は、「アカウンタビリティのジレンマ」と呼ばれている。これを回避するためには、「何について」「どのような方法を使って」アカウンタビリティを実現するかを明確にする必要があるとされている (山谷, 2006)。この回避方法を高等教育の質保証に適用してみよう。

(2) 組織学習の実践

　内部質保証が自己目的的作業に陥るのは、第一に、「何について」のアカウンタビリティかが明確化されず、大学が防衛的思考に誘導された結果、膨大な作業負担が発生しているからであろう。本書の Ⅱ で行った質の定義は、アカウンタビリティのジレンマを回避するために、「何について」のアカウンタビリティであるかを明確化し、特定する作業である。次に必要なことは、その定義された質の保証を「どのような方法を使って」実現するかの考察である。

　例えば、現場の教員が質保証に表面的にのみ取り組むことになるのは、現在の質保証のシステムが過度に官僚的で、機会費用が高いことが理由であった (Ⅰ-1-(1) 参照)。換言すれば、こうした根本的な問題を発見していても、組織としてこれを修正することができないから、当事者が質保証から距離を置き、質保証が独り歩きを始める。組織学習に問題がなければ、統制的な点検・評価は本来不要である。したがって、内部質保証を実現するためには、組織としての学習システムの構築が必要である。

　ここで、組織学習 (organizational learning) とは、組織がエラーを発見し修正するプロセスのことである (Argyris, 1977)。組織内の個々人が問題のある状況を経験して、組織を代表してその状況を探索することによって生起するとされる (Argyris & Schön, 1995)。具体的には、「組織内の個々人は、行動に対する予想と実際の結果との間に驚くべきミスマッチを経験すると、思考やさらなる行動のプロセスを通してそのミスマッチに対応し、組織に関するイメージあるいは組織的な現象に対する彼らの理解を修正する。自分達の行動を再構築することによって結果と予想の齟齬をなくし、結果として組織としての使用理論を変化させる。組織的になるためには、探求の結果としてもたらされる学習が、構成員が持つ組織のイメージに埋め込まれ、また (は) 組織的な環境に組み込まれている認識論的なアーティファクト (地図や記憶、プログラム) に埋め込まれなければならない」(Argyris & Schön, 1995, p. 16)。

(3) 外部質保証との連動

　また、質の定義を学内外で共有し、内部質保証が組織学習として機能すれば、内部質保証は外部質保証と連動する。基準適合性審査は大学 (プログラム) には向上のための指摘となり、適合判定は対社会的には高等教育の質保証として機能すると考えられる。なお、外部質保証に学生が参加する場合に一定の要件が求められることの当否などについては、IV-4 で論じる。

---

3. ダブル・ループ学習

(1) 根本的な問題の発見・修正

　では、組織として根本的な問題を発見し修正するためには、何が求められるのだろうか。その鍵となるのが、ダブル・ループ学習という組織学習である。行動理論に対する価値観は据え置いたままで、行動戦略あるいはその下にある仮定のみを変化させるシングル・ループ学習に対して、ダブ

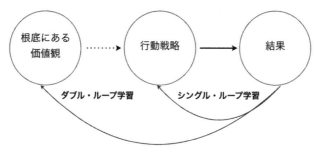

図Ⅳ-4　ダブル・ループ学習

（出典：Argyris, 1982, pp. xi-xii を基に筆者作成）

ル・ループ学習とは、使用している行動理論に対する価値観に変化をもたらして、行動戦略と仮定を変える学習である（**図Ⅳ-4** 参照）（Argyris & Schön, 1995）。

　例えば、サーモスタットは、温度の高低を感知してエラー（暑すぎる、寒すぎる）を修正する。このことが可能なのは、室温という情報を入手し、必要に応じて修正する機能を備えているからである。しかし、なぜ摂氏20℃に室温を設定するのかという作動プログラム自体は問わない。これがシングル・ループ学習である。

　仮にサーモスタットが、摂氏20℃という室温設定や、そもそも温度をなぜ測定しなければならないのかを自らに問うことが可能ならば、根底にある作動プログラムを再検証することもできる。これはより突っ込んだ問いであり、ダブル・ループ学習と呼ぶにふさわしいとアージリス（Argyris, 1982）は説明している。

　ダブル・ループ学習を導入する目的は、端的に言えば、教育の硬直化への対策である。というのも、設定された目標と得られた結果のズレをなくすために、目標と結果をつなぐプロセスを修正するシングル・ループ学習だけでは、変化の激しい予測困難な社会に、うまく機能しない可能性があるからである。むしろ、その目標を仮説とみなし、変化に応じて、根底にある価値観を問い直しながら行動戦略や仮定としての目標を修正・創造

できるようにするダブル・ループ学習が、今日求められている (松下, 2013)。
もちろん、シングル・ループ学習も日常的には有効である。常に根底にある価値観を問い直していては、日々の教育活動に支障をきたす。とはいえ、とりわけ内部質保証では、大前提や根底にある価値観を変更できなければ、根本的な問題を発見し修正することは極めて困難であろう。

しかし、このダブル・ループ学習を「信奉」していても、実践は容易ではないという (Argyris, 1982)。それは、なぜだろうか。

(2) 防衛的思考による抑制

その原因は、行動戦略を支配する使用理論である'Model I Theory-in-Use'、およびそれに基づく制限された学習システムである'Model O-I Learning System'によって引き起こされる無自覚の防衛的思考である (図IV-5 参照) (Argyris, 1982)。

1) Model I Theory-in-Use

'Model I Theory-in-Use'は、人々が通常は無自覚に使用している行動理論である。この理論では、行動に対する支配変数は、「行為者が認識している目標を達成せよ」「勝利を最大化し、敗北を最小化せよ」「否定的感情

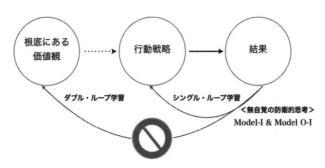

図IV-5 防衛的思考によるダブル・ループ学習の抑制

(出典：Argyris, 1982, pp. xi-xii, 87, 89-94 を基に筆者作成)

の誘発を抑圧せよ」「合理的であれ、情動性を最小限に抑えよ」(Argyris, 1982, p. 87) の四つである。

　アージリス (Argyris, 1982) によれば、人々はこの支配変数と合致する行動戦略を作り出す。つまり、主要な戦略は、関連する環境とタスクを一方的にコントロールして、自身と他者を一方的に擁護することである。そこには、他者を支配しようという意図が根底にあり、方法はかなり異なるとしても、他者や環境をコントロールしないように振る舞う人はほとんど存在しないという。その結果、「行為者が自分に関連する要因を支配するために、「環境をデザインして統制せよ」「タスクを所有し管理せよ」「一方的に自分を擁護せよ」「傷つかないように相手を擁護せよ」(Argyris, 1982, p. 87) という行動戦略に沿って人々は振る舞うことになる。しかし、問題は、この 'Model I Theory-in-Use' を使用していることに人々が無自覚であることだけではなく、この行動理論を正しいと信じていることに気づいていないことである (Argyris, 1982)。

2) Model O-I Learning System

　現実には、自分や相手を脅かす困難な課題に遭遇した場合、人々は双方が立腹して否定的な感情を表面化させる可能性に直面する。統制は失われ、勝利ではなく敗北の機会が増加する。こうした事態は、Model I の支配変数と行動戦略に部分的に反することから、組織では互いの立場や体裁に配慮することがまず優先されることになる。アージリス (Argyris, 1982) は、結果的に組織が余儀なくされるこの制限された組織学習のシステムを、'Model O-I Learning System' と呼んでいる。(O は Organization の意味である。個々人の使用する行動理論である Model I Theory-in-Use と組織レベルにおける Model O-I Learning System を区別するために O が挿入されている。)

　この制限された学習システムでは、組織における互いの立場や体裁への配慮が優先されることから、それによって問題解決のための組織的探求が抑制されていることを認識しなくなる。組織の集団内と集団間のダイナミ

クス、さらには組織としての規範や活動が機能不全に陥るが、組織は脆弱であり組織を変えることはできないという諦観が構成員に共有される。こうなると、構成員の最大の関心事は、個々人が信頼を得ることと非難を回避することになる。エラーの発見と修正も、Model I の支配変数と衝突しないことが前提となる。個人や組織の仕組みに対して脅威とならず、あるいは仮に脅威となるにせよ隠蔽する方がより大きな脅威となる問題だけが修正可能とされ、適切な対応が取られる。しかし、エラーを隠しかつそれを修正できない個人や組織の仕組みにとって脅威となるような類いのエラーや、あるいは Model I の行動理論を脅かし、また Model I では認識されないような事柄は、いずれも修正不可能とみなされる。このような修正不可能なエラーに対しては、まずエラーが隠蔽され、立場や体裁に対する配慮を優先したことが隠蔽され、それらの隠蔽自体が隠蔽され、これらの防衛的な諸活動が擁護される。その結果、行動理論に対する価値観は据え置いたままで、行動戦略あるいはその下にある仮定のみを変化させるシングル・ループ学習は、第二次、第三次のシングル・ループ学習を生み出し、ダブル・ループ学習を生み出す可能性が減少する。制限された学習システムにおける個人は、ひとりでは手に負えないこのジレンマに対して、勝利の最大化や敗北の最小化ではなく、いずれにせよ敗北するという選択肢しか自分にはないことを自覚する。さらには、「熟練した無能力」(skillful incompetence) によって、この制限された学習システム自体に疑問を持たなくなってしまう (Argyris, 1982)。

　これは、内部質保証の本質的な問題である。一般に内部質保証では、組織として点検・評価を行い改善することが求められているが、これは実は容易ではない。体裁を繕うために、また誰かを傷つけないように、本当の問題については口をつぐむ。あるいは、相手の主張は逆効果だと思い、内輪では非難していても、公の場では議論しない。こうした不完全で歪曲されたフィードバックから、「機関 (プログラム) の一連の活動に関する質の監視 (monitoring) と向上 (improvement)」(大場, 2009, p. 178) を現実に行うことは、

極めて困難だからである。

(3) 建設的思考への移行とそのための要件

　必要なことは、建設的思考に移行するために、使用理論とそれに基づく学習システムを変更することである（**図Ⅳ-6**参照）。

1) Model II Theory-in-Use

　建設的思考を導く使用理論をアージリス (Argyris, 1982) は、'Model II Theory-in-Use' と呼んでいる。この理論における行動に対する支配変数は、「有効な情報」「情報に基づく自由な選択」「選択に対する当事者としてのコミットメントとその実施状況の恒常的モニタリング」(Argyris, 1982, p. 150) の三つである。

　ただし、有効な情報や、その情報に基づく自由な選択、さらにはその選択に対する当事者としてのコミットメントという支配変数は、必ずしもModel I のそれと正反対の内容ではない。また、Model II の支配変数を満たすために、Model I の行動戦略の全てが無効であるというわけでもない。Model II は、目的を明確化してそれに忠実であるための技術を否定しているのではなく、自己擁護のための一方的なコントロールを拒否する。とい

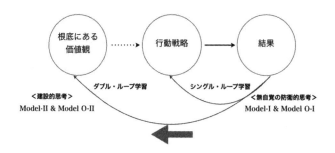

図Ⅳ-6　建設的思考への移行によるダブル・ループ学習の実現

（出典：Argyris, 1982, pp. xi-xii, 87, 89-94 を基に筆者作成）

うのも、自己擁護は大抵の場合、勝つことが目的だからである。Model II
は異なる。目標を明確化し自己を擁護する際には、自身と対立し、その意
見を修正しかねない他者に参加を求める。その目的は、可能な限り最も完
全で有効な情報に基づいて、人々が当事者としてコミットできるような行
動を生みだすことである。

　そのため、有効性と実用性のある情報を関係者がもたらし、問題が解決
された状態が維持され、その有効性が損なわれないこと、これらをどの程
度手助けできるかどうかによって、Model II にとって重要な行動か否かは
判断できる (Argyris, 1982)。また、Model II の行動戦略は、有能で、行動の
決定ないし遂行に関係する人物と共同で、タスクが何かを決め、環境をコ
ントロールすることになる。体裁を取り繕うことは、防衛的であり組織学
習とは言えないことから、出来るだけ回避する。もし互いの立場を配慮し
なければならないのであれば、関係者と一緒に計画する。アージリス (Ar-
gyris, 1982) は、これらの行動戦略を、「参加者が起点となり、高度に個人的
な貢献を経験できる状況または接点をデザインする」「タスクは共同で管
理する」「自己防衛は共同の活動であり、成長志向である」「相互に相手を
保護する」(Argyris, 1982, p.150) の四つにまとめている。

　こうした行動戦略に沿って振る舞えば、個々人は自己満足のために他者
に勝利しようとはしなくなる。むしろ、決定に長けた人物を求め、構成員
個々の貢献を最大化する集団内と集団間のネットワークを構築することを
追求する。このネットワークの相乗効果によって、組織における最も広範
囲な探索が可能になる。新たな問題解決策が見出されたら、その解決策の
意味合いとその結論に至る推論が、解決策を実行する人によって精査され
る。解決策は、発案につながった直接観察できるデータとともに提示され、
実行に移されることから、解決策の出来不出来やその責任の追求は最小限
に抑制される。むしろ発案者自身が、建設的な対立を奨励する形で、解決
策の総括に責任を持つ。こうして、組織学習の結果は、ダブル・ループ学
習に重点が置かれる。そこでは、大前提や根底にある価値観が衝突し、仮

説は公に検証され、そのプロセスは検証不可能な自己欺瞞ではなくなる（Argyris, 1982, pp. 103-104）。

なお、Model I から Model II に移行するためには、何度も実験的な試行を経る必要がある。構成員個々の意見が、互いに共有され検証され統合されて初めて、組織学習が生み出されることから、学習は個人ではなく組織の活動である。このため、比較の対象となる対立意見、公の検証、研究者（action scientist）の介入など、移行を支援する組織環境が特に必要とされる（Argyris, 1982, p. 183）。

2) Model O-II Learning System

組織構成員の使用理論を Model I から Model II に移行させることができれば、組織の学習システムは、エラーの発見と修正を促進する'Model O-II Learning System'に変化する。Model II では、自己擁護は探索と結びつけられ、脅威となる課題を表面化させることが奨励され、反証できない意見やその公の検証は禁じられる。この Model II の探索によって、発見された問題を修正する可能性が増加する。誤った仮定は再構築され、不適合な箇所が特定され、検証可能性が実質化し、散在する情報が集約され、非公表の情報が表面化する傾向を強めるからである（Argyris, 1982, p. 104）。

'Model O-II Learning System'では二種類の学習が可能となる。一つはシングル・ループ学習である。行動戦略あるいはその下にある仮定に欠陥がある場合は、それを修正する対応が発案される。使用している行動理論の範囲内で、仮定した目標に事態を適合させるための修正を行えばよく、完了すればそこで学習は完了する。対応に問題があれば、エラーの診断に立ち戻ることになる。もう一つは、ダブル・ループ学習である。支配変数と両立せず、あるいは組織が信奉する理論や現実に一致しないと診断されたエラーに対しては、異なる支配変数や規範など、問題について異なる視点を提供する俯瞰図を組織として発展させる必要がある。そこで、異なる見解や対立する意見を持つ人物にまず参加を求め、組織が信奉する理論と適

合する対応を生み出す。続いて、その対応を評価し、エラーが修正され対応が適切であれば学習は完了する。問題があれば、さらに組織的探求を継続する（Argyris, 1982, pp. 104-106）。

　以上の結果として、参加者は自分自身と組織にはダブル・ループ学習が可能であることを経験する。組織は変わることができるのであるから、シングル・ループ学習によって敗北しか選択できないというジレンマも減少する。さらにこうした経験によって、ダブル・ループ学習による問題解決の仕組みは一層強固となり、組織は、安定しつつ同時に継続的に変化を受け入れる学習システムを構築することになる（Argyris, 1982, p. 106）。

3) 推論の梯子

　ところで、Model II の支配変数として最初に掲げられている「有効な情報」という言葉は、それだけでは何をもって「有効」とするのかが必ずしも一義的ではない。そこで、若干の用語の修正を行うために、アージリス（Argyris, 1982）が「推論の梯子」（Ladder of Inference）と呼ぶ重要な概念をここで紹介しておこう。

　「推論の梯子」とは、行為者が効果的な行動をとるための規範的モデルあるいは地図のような働きをする概念である。例えば、Model I の行動理論を使用する人々は、自ら情報に意味を付与して、何らかの推論の結果を正しい意見として提示して、相手を支配しようとする。しかし、行為の受け手には、なぜその推論が正しいのかが不明であるため、提示された意見に対して防衛的になる。そのことに気づいた行為者は、相手を一方的に傷つけないように振る舞うが、結論に至った推論プロセスが不明な、あるいは欠落しているフィードバックでは、ダブル・ループ学習を生み出すことは困難である。

　行為者が情報に付与した意味は、推論の梯子では第三段以降にある。その下部には、事実やデータなど比較的直接に観察可能な情報があり（第一段）、その情報には文化的に一般に受け入れられる意味が存在しているは

ずである（第二段）。Model Ⅱ の行動理論を使用する人々は、自らが正しいと信じる推論の結果だけを示して、相手を支配しようとはしない。むしろ、自然に第一段、第二段の情報を開示して、自らの推論のプロセスと結果を相手と共に検証しようとする。相手を支配して勝つことが目的ではなく、お互いが当事者としてコミットできるような行動を生みだすことが目的だからである。

　そうであれば、Model Ⅱ の支配変数である「有効な情報」の意義は、推論の梯子における第一段にある「比較的直接に観察できるデータ」を収集することによって、これらのデータに埋め込まれている文化的に受け入れられる意味を了解し、不完全ではなく、歪曲化もされていないフィードバックを組織が得ることにある。しかしながら、アージリス自身が「他人を支配する最も効果的な手段の一つは、有効な情報の意味をコントロールすることである」（Argyris, 1982, p. 86）と記述していることから明らかなように、「有効な情報」という言葉をそのまま支配変数として採用すると、その変数を満たす Model Ⅱ 本来の行動戦略が導かれない可能性が残る。推論の梯子という概念を前提にしなければ、「有効な情報」の意義を特定することは容易ではない。したがって、本研究では、Model Ⅱ の第一の支配変数を、より直裁に「観察と反証可能な情報」と表現する。

(4) 適切な学生参加とは

　このように考えると、質保証への学生参加が必要な理由は明らかである。行為者は、自分が信じているものを生み出せていないことに気づかないが、観察者や行為の受け手は気づくということが往々にして生じる。学生はまさにこの立ち位置にいる。すなわち、学生は予想と結果のズレを、部分的であれ経験している学習当事者である。その経験を大学の組織学習に活用できるよう参加を求め、教職員がダブル・ループ学習に対する責任を回避しないことが大学には必要なのである。

　したがって、適切な学生参加とは、大学の組織学習に有効な（不完全では

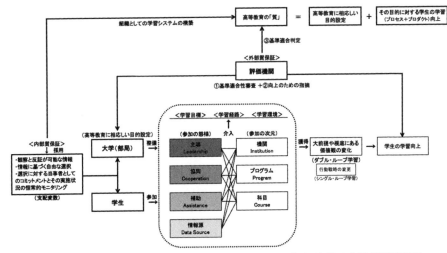

図Ⅳ-7　組織学習理論を活用した質保証システム

(出典：筆者作成)

なく、歪曲化もされていない) フィードバックを提供することができるような参加である。ただし、対等な立場での参加であっても、Model Ⅰの行動理論を使用する学生からは、ダブル・ループ学習に有効なフィードバックは得られない。したがって、質保証への参加にあたっては、大学と学生の行動に対する支配変数を Model Ⅱ のそれに改めなければならない。

　Ⅳ-2, 3 における考察を、ここで一旦まとめておこう (なお、縦置き・横書きの紙面では文字が小さくなるため、横置きの完成図を、巻末に資料として掲載している)。

　図 Ⅳ-3 では、「高等教育の質」と「介入としての学生参加の態様と次元」は関係づけられていなかったが、ここでは、「介入としての学生参加の態様と次元」によって、どのように内部質保証が実現され、それが外部質保証と連動するのかを示している。

　「アカウンタビリティのジレンマ」を回避するためには、「何について」「どのような方法を使って」アカウンタビリティを実現するかを明確にし

なければならない（山谷, 2006）。高等教育の質を最初に定義するのは、何についてのアカウンタビリティかを特定し、膨大な作業負荷を絞り込むためである。この定義は図の右上部分に配置している。

　次は、定義されたこの質の保証を実現する仕組みの構築である。現場の教員が質保証に表面的にのみ取り組むのは、それによって組織が根本的な問題を発見し修正することができないからである。組織学習が機能していれば、統制的な点検・評価は本来不要である。したがって、「組織としての学習システムの構築」が、内部質保証の仕組みとして不可欠である。**図Ⅳ-7** は、〈内部質保証〉を図の左部分に起点として配置し、矢印を高等教育の「質」に向けて、このことを明示している。

　ところで、組織が根本的な問題を発見し修正するためには、使用している行動理論に対する価値観に変化をもたらして、行動戦略と仮定を変えるダブル・ループ学習を実践することが求められる。そのためには、人々が無自覚に採用している Model Ⅰ およびそれに基づく Model O-I による防衛的思考から建設的思考に移行するために、Model Ⅱ を使用し、学習システムを Model O-Ⅱ に改める必要がある。そこで、図 Ⅳ-7 は、〈内部質保証〉では、「観察と反証が可能な情報」「情報に基づく自由な選択」「選択に対する当事者としてのコミットメントとその実施状況の恒常的モニタリング」が、大学（部局）と学生の行動戦略に対する「支配変数」として採用されることを示している。

　さらに、高等教育の質の定義に対応して、大学（部局）は「高等教育に相応しい目的設定」をすることが前提として必要である。ただし、それだけではなく、構成員が Model Ⅱ を使用して Model O-Ⅱ Learning System を実践し、ダブル・ループ学習を生み出すことが求められる。そのためには、比較対象となる対立意見を求め、公の検証などを行う組織環境が特に必要である。「介入としての学生参加の態様と次元」はその組織環境であり、大学（部局）によって整備される。学生は、その「能力と希望」（Tight, 2013）に応じて、参加度合いの異なる「情報源、補助、協同、主導」から態様を選択し、「機

関、プログラム、科目」という多様な次元において、学習目標・学習経路・学習環境に介入する。使用理論をModel IIに変更していることから、大学(部局)には組織学習に有効な(不完全ではなく、歪曲化もされていない)フィードバックが参加した学生から提供される。使用理論がModel Iであれば、組織における互いの立場や体裁への配慮が優先されることから、組織の集団内と集団間のダイナミクス、さらには組織としての規範や活動が機能不全に陥る。しかし、Model IIでは、構成員個々の貢献を最大化する集団内と集団間のネットワークを構築することが追求され、このネットワークの相乗効果によって、組織における最も広範囲な探索が可能になる。

使用理論をModel IからModel IIに移行させた組織の学習システムは、エラーの発見と修正を促進する'Model O-II Learning System'となる。その組織学習の成果は、「行動戦略の変更」を行うシングル・ループ学習に限定されない。異なる見解や対立する意見を持つ学生に、その能力と希望に応じて参加を求めるModel IIの探求によって、大学(部局)は「大前提や根底にある価値観の変化」をもたらすダブル・ループ学習をも獲得する。これは、根本的な問題を発見し修正することが可能となることを意味することから、教育の硬直化は回避され、「学生の学習向上」につながる。例えば、評価負担が大きい、あるいは全体を観察するのが難しいなどのプロセス評価における諸課題も、形成的評価では学生の協力を得る、あるいは成績評価の前提となる資料の収集は学生が一部を分担するなど、評価はすべて教員が行うという大前提を部分的に変化させることによって対応しうる(松下他, 2017)。以上が、学習目標・学習経路・学習環境に介入することによって、学生の学習プロセスとプロダクトが向上する内部質保証の仕組みである。

外部質保証は、「機関(プログラム)の質の審査・維持・向上のための機関間または機関の上位にある制度」(大場, 2009, p. 178)である。評価機関は、①基準適合性の審査を行うことによって、②大学(部局)に対して向上の指摘を行い、③適合と判定した場合には、対外的に質を保証することになるのが一般である。図IV-7では、高等教育の質として定義した「高等教育に

相応しい目的の設定」と「学生の学習向上」に対して評価機関から矢印が向けられ、外部質保証がこれらを審査対象とすることを示している。内部質保証の仕組みとして「組織としての学習システムの構築」が行われていれば、〈外部質保証〉と連動して、その適合性審査に際して行われる向上の指摘に対応することは可能であろう。

　さらに重要なことは、この向上のための指摘にダブル・ループ学習によって応えることが、可能であるだけでなく、必要であるということである。アージリス（Argyris, 1982）は、エラーを発生させる新たな条件は、組織学習、すなわち安定しつつ同時に継続的に変化を受け入れる学習システムのその安定性自体から、典型的に現れると警告している。すなわち、エラーが発生する条件がない安定した組織が理想なのではなく、組織学習の結果として生じるエラーの新たな条件についても自己完結しないプロセスが理想であり、探求の次のフェーズに移るために組織はさらに変化しなければならないのである。その意味で、組織学習のループを、より大きな組織の括りで捉えることが特に重要であるとアージリス（Argyris, 1982）は主張している。このことを高等教育の質保証に当てはめれば、機関間または機関の上位にある外部質保証を、高等教育機関全体の中での各機関（部局）の組織学習と捉えることが重要である。評価機関が、基準適合性審査の際に行う向上のための指摘に大学（部局）が対応すること、および基準適合性審査の際には重大な問題がないことを前提として、「③適合と判定した場合には、対外的に質を保証することになる」のである。

(5) ケリー（2018）による「学生参加に対する組織文化・政策・過程の影響」とその問題点

　Ⅳ-4 に移る前に、主要な先行研究の一つであるケリー（Carey, 2018）の問題点を検討しておこう。というのも、学生の活動は大学の必要性によって決まると主張している点は本研究と共通する一方、大学ガバナンスへの学生参加を、結局のところ公衆参加と捉えている点が大きく異なり、学生の

66

組織代表性を内部質保証と外部質保証においてどのように考えるかというIV-4 の論点に関連するからである。

　ケリーによれば、学生参加を形作るのは大学である。したがって、学生の活動との関係で参加を考察するモデルを完成するには、どのような活動を大学が要求・期待・許容するのかに対応する必要があるという（**図IV-9**参照）。

　まず大学は、受動的（reactive）な機関から、応答的（responsive）、協働的（collaborative）、進歩的（progressive）機関へと段階的に発展するが、大学の意思決定に参加する学生の立場も、この発展に対応して、情報源（data source）・参加者（participant）・パートナー（partner）・変革主体（change agent）に発展する。学生が独立で発展することはない。そのことをケリーは、学生参加の双方向性（student engagement interactions）と表現している。また学生と機関の発展は、その前段階を経て実現するので、図全体は入れ子構造で示されている（**図IV-8** 参照）。

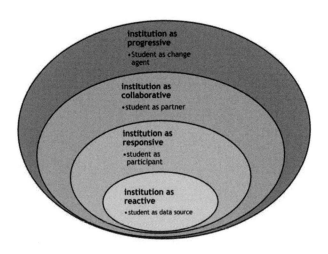

図IV-8　学生参加の双方向性の入れ子構造

（出典：Carey, 2018, p. 14 Fig.1）

　ただし、学生参加に関する理論的発展の多くは学習理論の知見によるが、大学ガバナンスへの参加と学習理論との関係には疑問があるとケリーは言う。学生は何かを学ぶかもしれないが、それは主要な参加の目的ではないことから、公衆参加（public participation）という理論的レンズを通してこの参加を理解する傾向が拡大していると主張している（Carey, 2018）。

　そこで、この学生参加の双方向性を、アーンスタイン（Arnstein, 1969）の「参加の梯子」に位置づけたのが、**図Ⅳ-9**である。「参加の梯子」とは、協働を阻害する可能性のある問題のある権力関係を対象とした市民参加の概念モデルであり、ケリーは、学生参加に関連するプロセスを検討するために有用であると主張している。

　「参加の梯子」は、非参加（non-participation）から、形式的な平等（tokenism）、さらに権限行使（student power）に至る連続体として参加活動を捉えており、比喩である梯子段も、操作（manipulation）から市民による管理（citizen control）

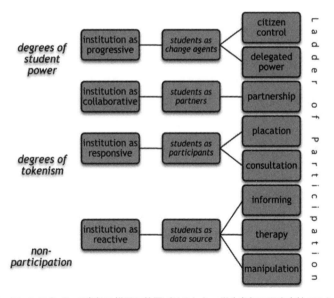

図Ⅳ-9　アーンスタインの参加の梯子に位置づけられた、学生参加の双方向性の入れ子構造
（出典：Carey, 2018, p. 14 Fig.2）

に進化する。下方の梯子は、穏やかにして落ち着かせること (therapy) また
そのための情報を提供すること (informing) を通して、参加の幻想をいだか
せる一方的な行為である。その上には、相談 (consultation) と懐柔 (placation)
の梯子段がある。この段階では、事前に決まっている計画に応答すること
が期待されているが、意味のある意見交換をする余地はほとんどない。そ
の後、対等なパートナー (partner) としての協働が求められる段階を経て、
梯子段のさらに上部に参加の概念が位置づけられる。その特徴は代表者
(delegated power) による意思決定プロセスを通したより高いレベルの管理で
ある。最後は、大規模な公権力と行動に対する責任を目指す市民による管
理 (citizen control) であり、最も進んだ参加の概念である。この参加の梯子
と学生の参加活動を関係づけることによって、公衆参加の概念と学生参加
の結びつきが強化されるとケリーは述べている。

　確かに、学生は何かを学ぶかもしれないが、それは主要な参加の目的で
はないというケリーの主張が、学生の学業に直接の関係がないという意味
ならば、その点は、後述の通り本研究とも一致する。しかしながら、だか
らと言って、個人に関する学習理論の知見に基づく理論的発展を否定する
だけはなく、一足飛びに市民参加の概念モデルを援用するという結論には
首肯できない。大学ガバナンスへの学生参加を公衆参加の一環と捉えては、
学生参加による質保証の必要性と有効性は明らかにならないからである。

　そもそもこの見解は、学生の立場が、市場化等によって政治的主体から
変容しつつある (Klemenčič, 2012; 井上, 2013 など) という問題提起に対応して
いない。この変容を、社会的包摂 (市民性教育) から市場化 (質保証) への移
行と捉えるにせよ (井上, 2013)、政治的役割から専門的、委託組織的役割へ
の転化と形容するにせよ (Klemenčič, 2012)、市民性の学校という言葉では言
い尽くせない変化が現実には生じている (I-3-(2) 参照)。その現状を適切に
捕捉できていないのである。組織代表である学生が参加しているという正
当性によって組織が説明責任を果たすことが、今日の質保証の焦点なので
はない。だから実際、ESG2015 は、従来の質保証が、学習と教授からあま

りに懸け離れており、学生の学習経験の質が考慮されてこなかったという批判に応えて改定されたのである。III において、「学びの民主化が質保証にとって正しいアプローチであるとは限らない」と述べたのはこのためである。

　教職員と対等な立場で学生が質保証に参加するだけで、根本的な問題を発見できる可能性が高まるとは考えられない。学生が、信頼に足る情報と能力を備えているとは限らないからである。また同様に、民主化であるならば、それぞれの立場における責任を各自が果たす「責任の同等化」も必要であるが、大学（プログラム）が質を保証する責任を、一律に学生に課すことは、不適切でありかつ有効とも言えないだろう。

　なお、パートナーあるいは変革主体という望ましい終点（Ashwin & McVitty, 2015）に向けて大学は協働的・進歩的であるべきだという善意は理解できるが、なぜ・どのように機関がそのように発展できるのか、またなぜ・どのように学生参加が質保証につながるのかも、ケリーが提示するモデルでは依然として不明である。

4. 参加によって獲得される能力

　IV-4 では、外部質保証に学生が参加する場合に一定の要件が求められることの当否について論じ、質保証への参加によって学生が獲得する能力を明らかにする。

(1) 外部質保証に参加する学生の要件

　第三者評価への参加には高い専門性が必要とされることから一般の学生参加を困難にしているとの指摘がある（I-2 参照）。問題は、「第三者評価への一般の学生参加を困難にしている」ことは不適切なのかどうかである。

　IV-3-(4)で述べた通り、学生がその「能力と希望」（Tight, 2013）に応じて、「情報源、補助、協同、主導」から態様を選択し、多様な次元において内部質

保証に参加する仕組みは、比較の対象となる対立意見を学生が提示し、公の検証を行う組織環境として必須である。組織代表である学生が参加しているという正当性によって組織が説明責任を果たすことが、今日の質保証への学生参加の焦点ではない。学生参加によって組織として根本的な問題を発見し修正することが求められているのである。

　では、外部質保証ではどうだろうか。仮に一般の学生が、能力を問われず自由に第三者評価に参加できるとすれば、おそらくは Model I が多数派となり、制限された学習システムである Model O-I が採用される結果、修正不可能とみなされたエラーが隠蔽され、第二次、第三次のシングル・ループ学習が累積し、それぞれが複雑化していく。ダブル・ループ学習を生み出す可能性が減少することから、一般の学生が新たな視点を提示できるにしても、評価機関も大学 (部局) もまず、それらを活用できないだろう (Argyris, 1982; アージリス, 2007)。第三者評価は、組織学習から現れる、エラーを発生させる新たな条件についても、組織の括りを大きく捉えて対応するという意味で、高次の組織学習である (IV-3- (4) 参照)。したがって、第三者評価への学生参加は、その組織としての問題発見・修正に貢献できる一定の能力と合わせて考えるべきであろう。すなわち、まず内部質保証に参加して能力を獲得し、その後に外部質保証に参加するという順次性が求められるのである。

　そのような能力は、性別、年齢、学生の多数派か少数派かといった点とは関係がない。建設的な Model II の支配変数を採用した内部質保証に多様な次元・態様において参加して初めて、一定の能力を獲得することができる。そのような能力を身につけた学生が、評価機関側あるいは大学 (部局) 側から外部質保証に参加することによって、評価機関による向上のため指摘はその精度を増し、より的確な基準適合判定は質保証として対外的に機能するのである (IV-3- (4) 参照)。

(2) 概念的知識と手続的知識

　では、質保証への参加によって学生が獲得する一定の能力とは何であろうか。

　まずは、高等教育に関する「概念・原理の理解」である。これは、内容知 (knowing that) のうち、単に「知っている」段階を超えて、「わかる」「使える」段階の知識である (石井, 2015; 松下, 2016)。

　プログラムレベルを例にとれば、科目概要を知っているだけでは「わかる」レベルとはいえず、プログラム評価において科目の順次性や現実の時間割にまで戻ってその適切性を考察できなければ、「使える」レベルとは言えないだろう。

　こうした内容知は、例えば科目レベルでは、「教育目標と評価は教授・学習内容にどのように関係しているのか」、あるいはプログラムレベルでは、「どのように体系性が考慮されているか」、機関レベルでは「課程教育が、学士・修士・博士という段階構造をとる根拠は何か」などを質保証への参加を通して考えることによって、深化する「概念的知識」であると考えられる。

　もう一つは、高等教育に関する「方略・方法論の習得」である。ある領域の方略・方法論を適切に活用することは、方法知 (knowing how) のうち、単に「できる」段階を超えて、「わかる」「使える」段階の知識である (石井, 2015; 松下, 2016)。

　科目レベルを例にとれば、シラバスを読んで授業計画を把握できるだけでは「わかる」レベルとはいえず、シラバスを活用して自身の学習計画を修正できなければ、「使える」レベルとは言えないだろう。

　こうした方法知は、例えば科目レベルでは、「授業アンケートが全体の授業計画の最後ではなく中間時期に実施されるのはなぜか」、あるいはプログラムレベルでは、「受講登録前に、履修指導の機会をどのように活用するか」、機関レベルでは「各部局や個人は何に責任を負い、どのように意思決定するのか」などを質保証への参加を通して考えることによって、深化する「手続的知識」であると考えられる。

この概念的知識と手続的知識は、高等教育という領域固有の知識であり、参加によって学生が獲得する「専門性」と呼ぶことができるだろう。

(3) 対話的理性

一方、学生は、Model II の支配変数を採用した内部質保証に参加することによって、専門性を基礎に何らかの論理を堅持するスキルと、質問や建設的な対立を結びつける能力が向上する（アージリス, 2007）。組織学習では、周囲を怒らせないように振る舞うのではなく、建設的対立を承知で自分の立場を擁護し、異論を引き出しながら探求と公の検証を結びつけることが求められることから（アージリス, 2007）、「組織としての学習システムの構築」が行なわれている内部質保証に参加した学生の一部が、こうした能力を獲得するのは、自然な流れである。

とはいえ、この能力は、Model II の行動戦略に沿って行動し、Model O-II Learning System を組織で維持する過程で培われることから、かなり特殊な性格を持っている。例えば、「推論の梯子」における第一段、第二段にあるデータをもとに組織学習が始まる状況を対話を通して作り出すことに成功したとしよう。それによって相手が、第三段以降にある結論に至った推論プロセスを明らかにしていないことを自覚したとしても、逆に学習を抑制する防衛反応が発生する恐れがある。というのも、正しいと無自覚に信じていた Model I に沿った行動が、逆効果の行動を誘発していたことを知るにつれて、学習が恐ろしくなるからである。そこで、防衛反応を相手が示した場合には、そうした情動性に配慮は示しつつも、失敗や恐れの感情を後退の言い訳にさせないことが必要である。それらの感情は Model I を使用している相手自身が生み出したものである。相手がその事実を認めたうえで、組織における個人の責任として、情報に基づく選択ができるよう支援することが次に必要である。相手が、率直であることの重要性に気づき、勝つために自己抑圧し一方的に寛容であることの問題を理解したとしても、それは Model I から Model II に移行するためのささやかな条件

に過ぎない。対立する互いの見解やそれに至る推論のプロセスを公の検証
に持ち込み、双方が当事者としてコミットできるような行動を生み出す必
要がある（Argyris, 1982）。

　さらに、Model O-II Learning System を組織で維持するためには、Model II
の組織的探求を徹底しなければならない。データに焦点を当て、筋道を通
した推論を行い、その推論を公に検証することを追求する。一方、これに
対する抵抗を否定し、自己抑圧を否定し、体裁を取り繕うことを最優先す
る行動はその全てを否定する必要がある。こうして初めて、個人や組織の
仕組みにとって脅威となるエラーの隠蔽が回避され、支配変数と両立せず、
あるいは組織が信奉する理論や現実に一致しないと診断されたエラーに対
して、大前提や根本的な価値観に変化をもたらして、行動戦略と仮定を変
えるダブル・ループ学習を生み出すことができるのである（Argyris, 1982）。

　さて、対話を基礎とした能力については、ハバーマスのコミュニケーショ
ン的理性（communication reason）から、PISA2015 に見られる協調的問題解決
能力（collaborative problem-solving）まで多様な概念が存在しているが、Model
II の行動戦略に沿って行動し、Model O-II Learning System を組織で維持す
る過程で培われる、このような能力に直接対応する概念は、管見の限り
見当たらない。対話を基礎として行動する理性を端的に表現すれば、‘di-
alogic reason’となるが、この用語はミハイル・バフチンによってすでに用
いられている。ただしバフチンは、会話は意見が合致しない限り継続す
るが、必ずしも一致する必要はない（レッシャー, 1981）とみなしていること
から、問題解決のための建設的対話を組織学習において強調するダブル・
ループ学習とは相容れない。そこで、本研究ではこの能力を「対話的理性」
（dialogical reason）と呼ぶことにしよう。知識やスキル、態度が統合された能
力であることから、それはコンピテンシーの一種であると考えられる。

　質保証への参加によって獲得される能力を整理すると以下の通りとなる
（**表Ⅳ–3** 参照）。

表Ⅳ-3　参加によって獲得される能力

〈コンピテンシー〉

対話的理性	専門性を基礎に何らかの論理を堅持するスキルと、質問や建設的な対立を促す態度を結びつける能力

〈専門性〉

	科目	プログラム	機関
概念的知識	授業区分（講義、演習、実験）、授業方法（座学、PBL、レポート課題等）の異同	共通教育・専門教育、ディシプリン指向・問題指向、主観主義・客観主義	学士・修士・博士の3サイクル、内部質保証と外部質保証の関係
手続的知識	シラバスの構成と内容、授業アンケートの実施時期、成績評価基準・方法	履修指導・受講登録・履修・成績発表の流れ、進級・回生進行	各部局・個人が何に責任を負い、どのように意思決定するか

（出典：筆者作成）

5. 理論モデルの構築

　以上の考察をもとに、「学生参加による高等教育の質保証」理論モデルを提示する。

　図Ⅳ-7 では、定義された高等教育の質の保証を、内部質保証と外部質保証によってどのように実現するかを示した。すなわち、内部質保証では組織としての学習システムを構築する必要があること、そのために Model Ⅱ の支配変数を採用して、大学（部局）と学生をその支配変数を満たすような行動に導くこと、Model Ⅰ から Model Ⅱ に移行するために特に必要とされる組織環境を大学（部局）が整備する必要があること、またその環境に学生が参加して多様な参加次元・態様において学習目標・経路・環境に介入することによって、シングル・ループ学習のみならずダブル・ループ学習を大学（部局）が獲得すること、結果としてこの大学（部局）の組織学習が学

生の学習向上に結びつくことを示した。さらに、この内部質保証に対して
外部質保証では基準適合性審査が行われるが、その際に示される向上のた
めの指摘に、教育の硬直化を組織学習によって乗り越える内部質保証は対
応することが可能であること、また自己完結しない組織学習を実現する観
点から高等教育機関全体に組織の括りを拡大し、その向上のための指摘に
対応することが不可欠であることを示した。

　最終的な理論モデルを提示する**図Ⅳ-10**では、組織としての学習システ
ムとして機能する内部質保証に学生が参加することによって学生が獲得す
る能力を特定し、これを身につけた学生が、大学ないし評価機関から、第
三者評価に参加する必要性について、学生から評価機関への矢印によって
示している。ここで注目すべき点は、以下の二点である。

　第一に、第三者評価に一般の学生が参加できないことは問題ではなく、
むしろ必要である。学生参加による質保証の目的は、一般の学生が参加し
ていることによる透明性の確保や学生の代表者が参加していることによる

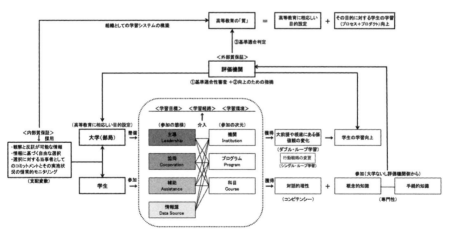

図Ⅳ-10　「学生参加による高等教育の質保証」理論モデル

（出典：筆者作成）

正当化ではなく、大学(部局)が組織学習によって問題を発見し修正することだからである。

　第二に、組織としての学習システムの構築を行っている内部質保証に参加することによって、学生の一部は、「対話的理性」というコンピテンシー、および高等教育に関わる「概念的知識」「手続的知識」という専門性を獲得する。こうした能力を獲得した学生が、「大学ないし評価機関から」第三者評価に「参加」し、所属大学のみならず他大学の評価に関わるのは、大学(部局)が組織学習のループをより大きな組織の括りで捉えるためである。組織学習の結果として生じるエラーの新たな条件についても自己完結しないプロセスが理想であり、機関間または機関の上位にある外部質保証がその役割を果たす必要がある。探求の次のフェーズに移るために組織はさらに変化しなければならないのであり、そのための第三者評価であるから、そこに参加する学生には一定の能力が必要である。一定の能力を獲得した学生が第三者評価に参加することによって、評価機関による向上のための指摘はその精度を増し、より的確な基準適合判定は対外的に質保証として機能すると考えられる。

6. 先行研究に対する本研究の位置づけ

　ESG に関する批判的考察によって、学生参加による質保証の目的は、「説明責任」(透明性の確保)と「学習の質」に分かれることが判明した。先行研究も、このどちらかに重点を置いている。

　しかしながら、いずれも想定している学習主体は学生である。本研究は、質保証における学生の立場を、大学(部局)の組織学習に不可欠の学習当事者と捉えており、学習主体は組織であるとする点が先行事例・研究と最も異なる独自性である(図IV-4 参照)。

　なお、質保証に参加することによって、学生はコンピテンシー(対話的理性)や専門性(高等教育に関する概念的知識・手続的知識)を身につけうる。

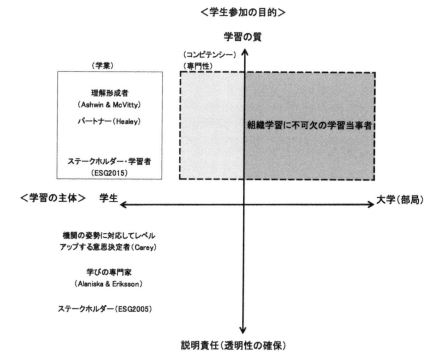

図Ⅳ-11　高等教育の質保証における学生の立場

(出典：筆者作成)

しかし、それらはいわゆる学生の学業と直接の関係はない。

　また、学習主体を大学(部局)として、説明責任(透明性の確保)を学生参加の目的とする先行事例・研究は、管見の限り存在しないようである。組織を学習主体と捉えるのは、根本的な問題を発見し修正するためである。そのこと自体の説明責任(透明性の確保)を果たすことも目的としてはありえると思われる。

注

1　学生エンゲージメントの提唱者であるクー（Kuh, G. D.）を中心に開発された全米学生調査。大きく6つの指標(学習課題、アクティブラーニング、学

生と教職員との交流、充実した教育経験、支援的な学習環境、職業統合学習）が設定され、膨大なデータ分析から「高インパクト実践」（High-impact practices）や、これらの実践に含まれる重要な学習行動が抽出されている（山田, 2018）。

2 イングランド、ウェールズ、スコットランド、北アイルランドの大学（学部）の最終学年の学生を対象に、科目での学習経験についてアンケート調査を実施するもの。質問項目には「教員は説明が上手かったか」等ティーチングに関するもの、「成績評価基準は明確であったか」等成績評価に関するもの、「必要なときに大学スタッフの支援を得られたか」等学習支援に関するものなどがある（楠根, 2017）。

3 オーストラリアで 2011 年度に開始された学生調査（University Experience Survey）は、2015 年から大学以外の高等教育機関の参加を促すため、名称を改められている。調査内容は、能力開発、学習者の能動的参画、教育の質、学生支援、学習資源の 5 つの領域である（大学改革支援・学位授与機構, 2016）。

V　ガイドマップの開発と事例検討

1. インタラクションと行動戦略

　Vでは、構築した理論モデルをもとに、参加次元に対応した3種類のガイドマップ(科目レベル・プログラムレベル・機関レベル)を開発し、参加態様ごとに「行動」および「行動戦略」「行動結果」「組織学習の結果」をまとめる。このガイドマップをもとに、事例検討を行い、優れている点や留意すべき事項に言及し、批判的考察の対象としたESGの範囲を超えて本研究の理論モデルが意味を持つこと、すなわちその有効性を検証する。

　ところで、組織の採用する行動戦略は、行動戦略に対する支配変数をModel IからModel IIに移行することに伴って次の通り変化するとアージリス(Argyris, 1982, p. 102)は主張している(IV-3-(3)参照)。

- 参加者が起点となり、高度に個人的な貢献を経験できる状況または接点をデザインする
- タスクは共同で管理する
- 自己防衛は共同の活動であり、成長志向である
- 相互に相手を保護する

　これらのやや抽象的な行動戦略が、参加次元・態様ごとに個別に具体化されていれば、ガイドマップはより実践的な指針となるだろう。

　そこで、学生の活動は大学の必要性によって決まると主張している点では本研究と共通しているケリーの先行研究を批判的に検討して、実践的なガイドマップの開発を行う。特に、ケリー（Carey, 2013）は、カリキュラムデザインへの学生参加が失敗に終わった事例を分析し、組織と学生の適切な複数のインタラクションを抽出しようとしており、それらを組織学習の観点から捉え直し、ガイドマップに反映したい。

(1) ケリー（2013）による「市場化された高等教育システムにおける共同生成者としての学生」

　この研究は、看護師登録前教育のカリキュラムデザインへの学生参加を対象とした事例研究である。大学の定常的な枠組と看護教育に特化した職能団体の要請に対応するとともに、医療提供者およびサービス利用者、介護者との協同が同時に求められていることから、学生からのインプットが抑え気味にならないよう、学生がすべての過程に参加できるよう企画されている。終了までに１年半を要したが、事前に学生の役割は正式決定されていない。

　半構造化インタビューとフォーカス・グループによる質的調査によって行われたこの研究を、学生の行動・思考・感情を可視化する形でマップ化したのが以下の図である（図V-1参照）。

　学生の行動・思考・感情は、その内容によって分類することによって、「参加の動機」「不満の強調」「権力関係」「カリキュラム概念」という四つの「重点テーマ」に括ることが可能である。さらにそこから、組織が設定する必要がある「目標」とその際に考慮すべき「ニーズ」を対応させて図解している。

　重点テーマごとのブロックを確認すると、「参加の動機」では、言いたいことはたくさんあるという不満を持った学生が、正しく対応されていないと考えて、将来の学生のために企画の目的がよく分からないまま参加したという実態が見えてくる。

　「不満の協調」からは、対等に会議に参加できて満足という感情も確認

	参加の動機		不満の強調			権力関係				カリキュラム概念	
ニーズ	学生の意見が価値あるものとして聴取されること 解決案を出そうと学生が奨励されること					学生・大学間の力の不均衡緩和				一貫した経験としての参加	
目標	消費者としての苦情文化からの転換 連続するフィードバック提供					友好的な参加システム				カリキュラム決定文化とプロセス見直し	
重点テーマ	参加の動機		不満の強調			権力関係				カリキュラム概念	
行動	メンター、学生代表、個別インタビュー対応を経験	目的を十分に理解していない会議への参加	討議でも以前の苦情に立ち戻る	学生と教員双方の視点から興味深い議論をする		教員のとげとげしい振る舞いで討議が台無しになる					
思考	授業開発についてはよく知らない	将来の学生のためになる	問題があるから、授業アンケートに回答	深い洞察が得られる	自立した学習者であることを求められ、これを理解している	誤った情報をフィードバックしているとの誤解	否定的コメントをして教員に迷惑をかけたくない	コメントしても「うるさい」と思われるだけ	あまりに形式的な会議	たまたまそこにあるもの	
	集団としては、ほとんど正しく対応されていない	大学の事業計画は数年単位	授業アンケートに関する対話がない	学生としての見方を掘り下げられる	自分の学習をより管理しようとすると、容認されない	授業は教員の仕事だが、学生のキャリアと生活でもある		全員が意見を話せると感じているわけではない	「偉いさん」は関係ない	学生が詳しく関わるものではない	問題は、何が教えられるか（学習プロセスではない）
感情	締め出されていて残念		前から聞いてるのに対応しないのでイライラする	対等の立場で会議に参加できて楽しい	成人学習者なのに、そう扱われない	深刻に悩んでない教員は、失礼だ		コメントすると不利に扱われるのではないか	教員比率が高すぎる（学生数の6-12倍）	高等教育関連の略語を並べられても意味不明	
	言いたいことはたくさんある。聞いてもらいたい。		可能な問題解決策を探ろうと励まされることは滅多にない						対等というより、単なる情報提供者という感じ		

図Ⅴ-1　カリキュラムデザインへの学生の参加経験

（出典：Carey, 2013 より筆者作成）

できるものの、問題があるから授業アンケートに回答しているのに、対話もなく、可能な解決策を探ろうと励まされることもなく、討議でも以前の苦情に立ち戻る行動が目を引く。

　「権力関係」の整理からは、教員のとげとげしい振る舞いで討議が台無しになったことや誤った情報をフィードバックしているとの誤解に対する怒りや、教員に対する遠慮や発言したら今後不利に扱われないかという戸惑いが示されている。同時に、参加する人数比や意見を聴取する大学役職者の職位、あまりに形式的な会議運営といった思考・感情から判断すると、大学と学生とのイコールフッティングに問題があったという指摘も、現場の状況としては理解できる。

　最後の「カリキュラム概念」からは、そもそもカリキュラムという概念自体が学生になく、あったとしても学生が関与するものでも、できるものでもないという学生の硬直した、しかし素直な思考・感情が示されており、企画の趣旨とは食い違った結果となった理由がわかる。

　このように学生の経験を可視化することによって、ケリー（Carey, 2013）が適切なインタラクションとして何を主張しているかは、次のように整理できる。

　すなわち、参加の動機と不満が強調された実態からは、消費者としての苦情文化から転換すること、そのために連続したフィードバックを提供することが目標となっている。したがって、適切なインタラクションとは、学生の意見に対して、それが価値あるものとして聴取されること、解決案を出そうと学生が奨励されることである。これらは、「応答性」として一括りにできるだろう。

　同様に、権力関係からは、友好的な参加システムの構築が目標となっており、学生と大学の力の不均衡の緩和が必要であると主張している。これは「イコールフッティング」（後述）とまとめられるだろう。さらにカリキュラム概念からは、このような単発の企画ではなく、カリキュラムを決定する文化とプロセス自体を見直すことが目標であり、結果として学生が参加することが、「一貫した学習経験」となるようなインタラクションを考慮すべきであると主張されている。

(2) 組織学習理論からの捉え直し

　まず確認が必要なことは、大学（部局）と学生とのインタラクション自体がガイドマップに示されていることの重要性である。

　というのも、例えば情報源としての参加における「応答性」というインタラクションを例にとると、授業アンケートへの回答について、結果が集計されているだけで、その結果に対する応答が欠けていては、探求も見解の衝突も発生のしようがないからである。Model II の行動戦略である「参加者が起点となり、高度に個人的な貢献を経験できる状況または接点をデザインする」ことも不可能である。したがって、ガイドマップでは共通して、大学（部局）と学生のインタラクションをわかりやすく図解することにしよう。

　また、授業アンケートや学生調査の結果がまとめられるだけで、そのま

ま放置される事態は、高等教育現場において散見されることから、「応答性」の確保は、行動戦略を個別に具体化する際に、特に念頭におく必要があるだろう。

「イコールフッティング」とは、対等な立場における討議を保証するということで、組織学習理論に適合しているように見えるが、それが「学びの民主化」としての主張であれば誤りであるのは前述のとおりである（IV-3-(5)参照）。すなわち、学生が信頼に足る情報と能力を備えているとは限らないことから、対等の立場であれば根本的な問題を発見し修正できるというわけではない。また「責任の同等化」も対等に学生に課すことは不適切である。

したがって、単に友好的な参加システムの構築を目的として、学生と大学の力の不均衡を緩和すること自体が、適切な行動戦略ではない。直接観察できるデータの提供を求め、問題の原因と評価に対する公の検証を行うことが求められる。

また、そのような公の検証を行う組織環境は、Model I から Model II への移行に際して特に必要とされており（Argyris, 1982）、そのための行動戦略は不可欠である。例えば、自己防衛は共同の活動であり、成長志向であることや、参加者が起点となり、高度に個人的な貢献を経験できる状況または接点をデザインすることである（Argyris, 1982）。

「一貫した学習経験」については、本研究では、関与の程度が深まる参加態様を想定しており、すでに理論モデルに織り込み済みである。すなわち学生は、その能力と希望に応じて、情報源、補助、協同、主導という異なる度合いで質保証に参加することが可能である。カリキュラム概念自体を知らず、あるいは関与するものでも、できるものでもないという誤解は、参加態様が協同ないし主導に深まる段階では、生じないだろう。

以上の考察をもとに、参加次元別のガイドマップを開発し、順次、事例検討に入ろう。なお、各ガイドマップのプロジェクトは、「表 IV-2　参加次元・態様と具体例」に基づいている。

2. 科目レベル

(1) ガイドマップ

　〈情報源としての参加〉では、プロジェクト例として授業アンケートを取り上げている（**図V-2**参照）。「観察と反証が可能な情報」という Model II の支配変数に対応して、ここでは事実やデータに基づく主張を行動戦略としている。この戦略によって、組織は問題の有無を確認して、問題があればそれを認める応答ができる。この循環によって、アンケート回答数も増加するだろう。推論の梯子（IV-3-(3)参照）における第一段にある「比較的直接に観察できるデータ」を収集することによって、アンケート結果に対する理解不足や解釈の誤りを回避することができる。これは、不完全なフィードバックの蔓延を防ぐ意味で、組織学習の結果と位置づけられるだろう。

　〈補助としての参加〉では、フォーカス・グループがプロジェクト例である。用意された仕組みであっても、それが討議への参加となると、単なる情報源に比べて関与の度合いは深まる。それに伴って、「成長志向」、つ

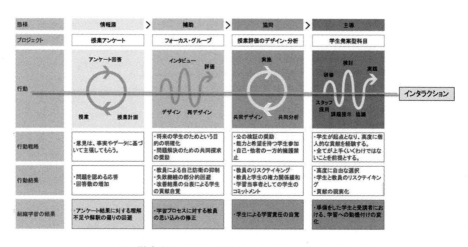

図V-2　学生参加による質保証ガイドマップ〈科目レベル〉

（出典：筆者作成）

まり組織としての問題の発見と修正を目的とした共同探求を行動戦略としている。その結果、教員の自己防衛は極力抑制され、科目デザインの失敗の繰り返しは部分的であれ回避することができる。その結果が公表されれば、学生も自らが「起点となり」「個人的な貢献を経験」したことを自覚できる。これらの行動を通して、教員が学習プロセスに対する思い込みを修正することが組織学習の結果である。

　〈協同としての学生参加〉は、対等な立場で議論する、より関与の度合いが深い態様である。目的は、友好的な参加システムの構築ではない。組織として根本的な問題を発見・修正することである。したがって、ダブル・ループ学習に特に必要な公の検証が奨励され、組織学習に貢献する能力と希望を持った学生の参加を募ることが、まず行動戦略となる。さらに、協同という深い関与では「自己防衛は共同の活動であり」「相互に相手を保護する」ことが求められる。このことを、「自己・他者の一方的擁護禁止」としてガイドマップでは表現している。勝つか負けるかではなく、原因の特定と評価に対する公の検証が、Model II では優先するからである。結果として、問題の原因が自分にあるというリスクを教員は負担する。またそのことは、教員の学生に対する一方的な権力関係の緩和となり、学習当事者としての学生のコミットメントを生み出す。すなわち、抑制的思考によって、当事者が問題から距離を置く事態（IV-3-（2）参照）を回避することになる。この結果によって、学生自身も、組織上の問題点を生み出していることに対する、彼ら固有の個人的責任を無視していたことを理解する。学生による学習責任の自覚が、組織学習の結果である。

　〈主導としての学生参加〉は、権限を前提としない目標設定・率先垂範・他者支援全般を含む（IV-1-（2）参照）。関与の度合いが最も深いこの態様では、学生発案型科目をプロジェクト例としている。「発案型」という文字通り、学生が「起点となり、高度に個人的な貢献を経験」することが行動戦略である。また「すべてが上手くいくわけではないことを前提とする」ことも重要な行動戦略である。というのも、組織が学習環境を設計して問題を発

見しえたとしても、その解決法を発明することは必ずしも容易ではなく、さらにその解決法を現実化し、その効果を評価する方法を学習できるようにするためには、組織の使用理論と効果的なダブル・ループ学習が関係するからである（Argyris, 1982）。とすると、学生主導の参加は、高度に自由な選択を結果としてもたらすが、一方でその選択が不完全であるというリスクを学生と教員が負担することにもなる。とはいえ、学生発案型科目には数カ月から時には数年の準備が必要であると考えられることから、貢献が現実化した際には意味合いも大きい。準備をした学生とその科目を受講した学生の学習への動機づけには根本的な変化が生じると思われる。

(2) 事例検討

　科目レベルでは、スウェーデン王立工科大学の学生による授業評価分析プロセスの事例を検討しよう。国際協力員レポートにおいてこの取り組みを特筆している北島は、「教員も学生も教育の質向上に対して積極的に関わっている」「日本とスウェーデンの文化の違いが根底にあると思うが、

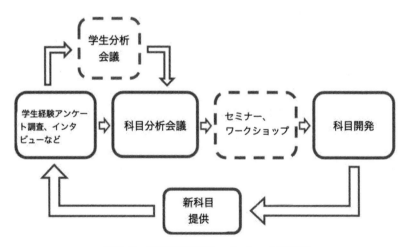

図V-3　「学習経験調査」プロセスの諸段階

（出典：Borglund et al., 2016, p. 15 Fig. 2 を訳出のうえ掲載）

日本の FD 活動にも取り入れられる点があるかもしれない」と控えめだが肯定的な評価をしている (北島, 2017, p. 27)。果たして文字通り受け取ることができるだろうか。

　全体としては、学生経験アンケート調査やインタビューを受けて、教員による科目分析会議が行われ、セミナーやワークショップなどの FD 活動を経て、科目開発と新科目の提供が行われるという流れである (図Ⅴ-3 参照)。この事例の特徴は、教員による科目分析会議に、学生による分析会議が併設されていることである。教員による科目分析会議では、よりリラックスした雰囲気で率直に対話する可能性を保証するために、学生は参加しない。並行して学生による科目分析会議を別に設ける目的は、以下のように明示されている (Borglund et al., 2016, p. 23)。

1. 学生は、調査結果に対して異なる解釈を提供できる。
2. 学生は、調査結果を解釈するために視野を変えなければならないので、そこから恩恵を受けることができる。
3. 学生は、教師が理解できない、あるいは誤解する回答の解読に役立つことができる。
4. 調査結果の分析に参加してもらうことによって、学生を調査に回答するよう動機づけ、また調査のより有効な「使い方」を理解する助けにもなることができる。
5. 加工されていないデータに学生がアクセスできるという事実によって、手続きの信頼性と透明性が増す。

　会議運営については、開催までの準備は科目を担当した教員の仕事である。学生会議の議長は当該の科目を受講していない、少なくとも直近に受講してはいない学生を選ぶことが推奨されている。適切な学生を議長に選ぶために、教育課題に関する学生責任者もプログラムごとに配置されている。参加する学生は、直近の科目受講者である。その人数は 6 〜 8 名が理

想とされているが、科目担当教員の希望によって、科目の特定の側面に関する質の高いフィードバックを得ることを目的に特別の基準によって選んでも良いし、受講者全員に参加を求め多数が参加した場合は、分割して複数の学生分析会議を設けても良い。

　会議は学生議長によって進行される。学生経験調査データと守秘義務や討議方法に関する説明書に目を通した学生議長と参加学生が、データについて討議し、当該科目の強みと弱みを特定し、科目改善のための優先事項をリストアップする。討議結果は、個別意見は匿名で、将来の受講生に対するアドバイスとともに、教員に報告される (Borglund et al., 2016)。

　この学生分析会議は、大学によって用意されているとはいえ、アンケート調査やインタビューに加えて設定されることから、ガイドマップでは「協同」としての学生参加にほぼ該当するだろう。この態様における行動戦略は、「公の検証の奨励」「能力と希望を持つ学生参加」「自己・他者の一方的擁護禁止」である。

　これらの行動戦略から判断すると、このスウェーデン王立工科大学における学生科目分析会議は優れた取り組みであると評価できる。学生の調査結果に対する教員とは異なる解釈を調査結果の解読に活用し（目的1, 3）、討議のために加工されていないデータに学生がアクセスできることによって（目的5）、「公の検証」は部分的に実現しているといえる。またこうした取り組みによって、学生のアンケート回答が促進され、よりよく活用できるようになることも（目的4）、組織学習を推進する観点から、望まれる結果である。とりわけ、学生議長を（少なくとも直近の）受講者以外から選出する原則は、受講者の一方的な自己擁護の抑制につながることから、「自己・他者の一方的擁護禁止」という行動戦略に沿った方針である。

　強いて改善点を指摘するならば、参加する学生の選択基準が科目担当教員に一任されていることは、「能力と希望を持つ学生参加」という行動戦略からは問題であろう。受講生の大半がこの科目分析会議に参加する可能性は低いだろうが、そのすべての学生が信頼に足る情報と能力を備えてい

るとは限らないことから（V-1-(2)参照）、能力を問わずに学生参加を求めて
も、根本的な問題を発見し修正できるわけではない。学生が提供する異な
る解釈（目的1）がシングル・ループの累積に陥る危険性が残されている（IV-4-
(1)参照）。

　また、この会議に参加することによって、学生がどのような恩恵を受け
るのかも、やや曖昧である。少なくとも、学生のみによって構成される科
目分析会議では、本研究が主張している対話的理性を学生が獲得できる可
能性は少ないと思われる。目的2が、「学生は、調査結果を解釈するため
に視野を変えなければならないので、そこから恩恵を受けることができ
る。」という抽象的な記述に留まっているのはその証左であろう。

3. プログラムレベル

(1) ガイドマップ

　プログラムレベルは、担当教員による変更が比較的自由な科目レベルと
異なり、教員集団による合意が必要な次元である（（**図Ｖ-4**、IV-1-(2)参照）。
そのため、教員相互の対人関係や集団力学を踏まえることが必要である。
　〈情報源としての学生参加〉においてプロジェクト例としたのは、学生
調査である。Model II の支配変数に対応して、直接観察できるデータの収
集をまず行動戦略としている。ただし、教員相互の対人関係が優先される
事態を牽制するために、成長思考が体裁に優先することも行動戦略として
いる。その結果、公の検証はプログラムレベルとなり、学習志向の組織規
範を教員集団にもたらす。そうなると、集団力学ではなく、データに基づ
いて学部や研究科の意思決定を支援する教学 IR が浸透する。これは互い
の立場を配慮して問題を隠蔽する Model I からの移行であり、組織学習の
結果といえるだろう。
　〈補助としての学生参加〉のプロジェクト例は、プログラム評価である。
教員集団がプログラム評価で学生をインタビューするのは、学生が予想と

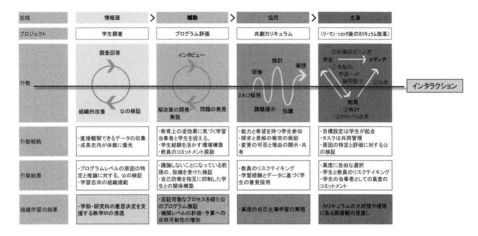

図V-4　学生参加による質保証ガイドマップ〈プログラムレベル〉

（出典：筆者作成）

　結果のズレに部分的であれ気づきうる立ち位置にいるからである（IV-3-(4)参照）。したがって、教育上の逆効果に気づく学習当事者として学生を捉え、その経験を活かす環境設定が行動戦略となる。その際、教員が問題から距離をおいてダブル・ループ学習に対する責任を回避していては、組織の学習不全は解消しない。そこで、教員のコミットメントの奨励を、行動戦略としている。その結果、教員集団では議論しないことになっている前提の検証が行われることになる。また自己防衛を相互に抑制した学生との関係構築が実現する。このようなプロセスを経たプログラム評価は、有効なフィードバックに基づく公の検証である。例えば、改善は部局予算によるという「作動プログラム」（IV-3-(1)参照）自体が再検証され、機関レベルの計画や予算に結びつく可能性が増加する。これが組織学習の結果である。

　〈協同としての学生参加〉のプロジェクト例は、共創カリキュラムである。科目レベルの場合と同様、組織学習に貢献する能力と希望を持った学生の参加を募ることが、まず行動戦略となる。スタッフとして採用し、研修を行い、課題提示を受けた学生の検討をもとに協議が行われることから、

探求と見解の衝突の奨励が次の行動戦略となる。さらに、協議である以上、合意に至らないこともありえる。その際、「タスクは共同で管理する」ため、変更の可否とその理由を開示し参加者全員で共有することが行動戦略となる。このような協議は、プログラム変更に伴うリスクを教員が負担してでも、学習経験とデータに基づく学生の意見を採用するという結果をもたらす。これは学生にとっては、高度の自己主導学習の実現を意味しており、組織学習の結果といえるだろう。

　プログラムレベルにおける〈主導としての学生参加〉は、理論的にはありえるがあまり一般的ではない。そこで、リーマン・ショック後に金融危機に対応できるカリキュラム改革を求めて成功した英国のマンチェスター大学における経済学部の事例をもとにプロジェクト例を作成している。この事例では、リーマン・ショックのような未曾有の金融危機に現行カリキュラムは対応していないという学生の不満が、‘Post-Crash Economics Society’という団体の設立につながり、さらにその学生の不満が‘National Student Survey’（NSS）を通じて公表された結果、世論の反響を生み、その圧力によってカリキュラム改革が行われている（Ashwin & McVitty, 2015; Bitzer et al, 2015）。しかし、ここでは権限を前提としない目標設定・率先垂範・他者支援全般を含む「主導」に必ずしもそぐわない。そこで、行動の図解では、①支配的学派への疑問を学生が部局に提示する。さらに②カリキュラム改革の目標を学生が設定し、それをメディアに公表する。③部局ではその目標に対して検討を重ね、④カリキュラム改革を行うことを決定し、⑤メディアに公表することによって、経済学の専門家を含む公の批判を仰ぐというインタラクションを仮想例として示している。このように、目標設定は学生が起点となり、タスクを共同で管理し、原因の特定と評価に対する公の検証を行うことが、プログラムレベルにおける主導としての学生参加ではその行動戦略となる。その結果、高度に自由な選択が実現する一方で、学生と教員双方がリスクを負担することになるが、これは学生の当事者としての高度のコミットメントになるだろう。このようなカリキュラム改革では、

支配的学派の大前提や価値観の見直しを要する。これが想定される組織学習の結果である。

(2) 事例検討

　プログラムレベルでは、米国の地域アクレディテーション機関である西部学校・大学協会（Western Association of Schools and Colleges: WASC）の Program Review Rubric（**表V-1**参照）を事例として検討しよう。

　Program Review Rubric の使用ガイドラインでは、「学生は、提供された学習プログラムについて固有の視点を持っている。すなわち、そのプログラムを学生として経験することが何を意味するかを、誰よりも知っている。プログラムレビューでは、その視点を活用し、レビューに組み込むことが可能である。」（WASC, 2013, p. 2）と記載されているが、その活用の仕方は構造化されていない。

　すなわち、Program Review Rubric では、調査結果をたどるためのフォーカス・グループや学生と会話、さらには学生のサンプル作品の解釈を補うための学習経験についての討議がありうることに言及してはいるものの、最も進んだ段階で可能性として例示されているのは、自身の作品に関するポスターセッションの実施や、ルーブリックの自己評価への活用、学生自身の評価フィードバックの提供など、文字通り学習経験の提示である。「プログラムレビュー過程において尊敬を受けるパートナーである」と明記されている一方、肝心の「レビュープロセス」の基準では、その学生経験をどのように活用するかに言及していない。

　ガイドマップ〈プログラムレベル〉では、プログラム評価は、「補助」としての学生参加と位置づけており、その行動戦略は、「教育上の逆効果に気づく学習当事者と学生を捉える」「学生経験を活かす環境設定」「教員のコミットメント奨励」である。

　これらの行動戦略から考えると、学生が学習当事者として固有の視点を持っていることは意識されているが、その学生経験をプログラム改善に活

表V-1　PROGRAM REVIEW RUBRIC

基準	Initial	Emerging	Developed	Highly Developed
自己評価に要求される要素	教育プログラムの教員団は、プログラムレベルの学生の学習成果のリストを提出するよう要求されることがある。	教員団は、教育プログラムにおける学生の学習成果の提出と年次アセスメントの要約を要求される。	教員団は、教育プログラムにおける学生の学習成果、および年次のアセスメント調査と結果、それによる変化を提出するよう要求される。アセスメント調査の次のサイクルの計画を提出するよう求められることがある。	教育プログラムにおける学生の学習成果、および年次のアセスメント結果、ベンチマーキング結果、その後の変化、これらの変化の影響に関する証拠を評価するよう教員団が要求される。教員団はアセスメント調査の次のサイクルの計画を提出する。
レビュープロセス	内部および外部評価者は、成績以外の、教育プログラムにおける学生の学習の質に関する証拠を取り上げない。	内部および外部評価者は、教育プログラムにおける学生の学習に関する、間接的、および可能な直接的証拠を取り上げる。それは、評価をするよりはむしろ記述的レベルである。	内部および外部評価者は、教育プログラムにおける学生の直接的・間接的証拠を分析し、評価のフィードバックと改善のための示唆を提供する。評価者はプログラムにおける努力を評価する十分な専門性を持ち、部局はフィードバックをその業務の向上に活用する。	資質の高い内部および外部評価者が、教育プログラムの学習成果、およびアセスメント計画、証拠、ベンチマーキング結果、アセスメントの影響を評価する。内部・外部評価者は、改善のために評価のフィードバックと示唆を提供する。部局は学生の学習を向上させるためにそのフィードバックを活用する。
計画化と予算化	大学は、プログラムレビューを計画化・予算化に統合していない。	大学は、プログラムレビューを計画化・予算化に統合しようとしているが、ほとんど成功していない。	大学は、プログラムレビューを計画化・予算化に通常は統合しているが、公式プロセスではない。	大学は、プログラムレビューを計画化・予算化プロセスに組織的に統合する。例）相互に合意した誓約によって公式の活動を取り決める。
アセスメント努力への年次フィードバック	大学におけるいずれの個人または委員会も、成果の質やアセスメント計画・調査・影響等について、部局にフィードバックを提供しない。	個人または委員会が、質、アセスメント計画・調査等について、恒常的にフィードバックを提供する。	資質の高い個人または委員会が、成果の質、アセスメント計画・調査等に年次フィードバックを提供する。部局は、業務の向上にそのフィードバックを活用する。	資質の高い個人または委員会が、成果の質、およびアセスメント計画、アセスメント調査、ベンチマーキング結果、アセスメントの影響に関する年次フィードバックを提供する。部局は学生の学習を向上させるためにそのフィードバックを効果的に活用する。フォローアップ活動は機関の支援を享受する。
学生経験	学生は、プログラムレビューを知らず、関与していない。	プログラムレビューに、調査結果をたどるための、フォーカスグループや学生との会話が含まれることがある。	内部および外部評価者が、論文やポートフォリオ、卒業研究など、学生の作品サンプルを調べる。学生は、何をどのように学習したかについて討議するために招かれることがある。	学生は、プログラムレビュー過程において尊敬を受けるパートナーである。学生は、ポスターセッション用意し、また（は）自己評価にルーブリックをどのように適用するのかを明示し、学生自身の評価フィードバックを提供することがある。

（出典：WASC, 2013 を訳出のうえ掲載）

かす環境設定は行われていない。卒業研究などプログラムレベルの学習成果について学生と討議する機会がありうることに言及しているのであるから、その討議を通して卒業研究に至るまでのプロセス改善につなげるなど、学生経験を構造的に活用すべきであろう。そのような構造化がされない限り、何に対する教員のコミットメントを求めるかが不明であり、「尊敬を受けるパートナー」という記述語はスローガンに留まると考えられる。

　なお、「計画化と予算化」という基準では、プログラムレビューを計画化・予算化プロセスに組織的に統合することが推奨されている。使用ガイドラインでも言及されている通り、プログラムレビューは形だけの活動ではないことから、組織的なサポートと結びつくことが望ましいのは言うまでもない。しかしながら、予想と結果のズレを経験している学生から有効なフィードバックを得ない限り、組織として根本的な問題を発見し修正することは困難である。この点を閑却して、プログラムレビューを計画と予算に結びつけても、効果は期待できないと思われる。

4. 機関レベル

(1) ガイドマップ

　機関レベルは、学部や研究科の提供するプログラムを超えて、例えばその背景にある法人としての予算や計画との関連、あるいは学内の管理運営や学外対応など、大学総体の次元における広義の経営に対応している（図V–5 参照）。

　〈情報源としての学生参加〉のプロジェクト例は、大学評価における学生インタビューを取り上げている。評価機関によるインタビューであっても、目的は組織としての根本的な問題発見・修正である。したがって、準備は共同で進め、参加する学生の、情報に基づく自由な発言の奨励が行動戦略となる。その結果、評価機関に対して、機関の自己防衛は最小限となり、情報による検証に基づく擁護が行われることになる。機関がリスクを

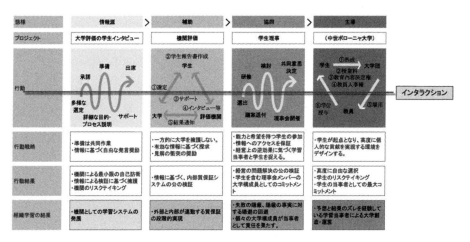

図Ⅴ-5　学生参加による質保証ガイドマップ〈機関レベル〉

（出典：筆者作成）

負担することにはなるが、それが機関としての学習システムを発展させることは明らかであり、組織の硬直化を回避するという意味で、組織学習の結果である。

〈補助としての学生参加〉では、機関評価全体をプロジェクト例としている。この態様でも、目的は組織学習であることから、一方的に大学を擁護せず、有効な情報に基づく探求をおこない、見解の衝突を奨励することが行動戦略となる。その結果、内部質保証システム自体を情報に基づいて公の検証に付すことになる。防衛的思考が最小限に抑制されるため、外部と内部が連動する質保証が段階的に実現することが、こうした組織学習の結果である。

〈協同としての学生参加〉では、学生理事制度をプロジェクト例としている。組織としての根本的な問題発見・修正が目的であることから、科目レベル・プログラムレベル同様、能力と希望を持つ学生の参加を募ることが、まず行動戦略となる。学生が理事に就任した場合、経営上の判断に参加するためにはその前提として関連する情報へのアクセスを保証すること、

さらに学生は消費者ではなく、経営上の逆効果に気づく学習当事者と捉えることが、行動戦略として重要である。このような行動戦略を採用した結果、経営上の問題解決が公に検証され、学生を含む理事会メンバーが大学構成員として問題解決にコミットすることになる。こうなると、もはや失敗の隠蔽や、その隠避の事実そのものを隠蔽することは難しい。隠蔽よりも、個々の大学構成員が当事者としての責任を果たすことが優先される。これは、当事者が問題から切り離されず、また距離を置かずに問題に対峙するという意味で、組織学習の結果といえるだろう。

〈主導としての学生参加〉は、プログラムレベル同様、理論的にはありえるがあまり一般的ではない。そこで、中世ボローニャ大学という歴史的事例をプロジェクト例としている。学生が、①大学団を形成し、その大学団に②授業料を納め、大学団が③教育内容決定権と④教員人事権を掌握する。教員は大学団によって⑤雇用される対象であり、その権限は⑥学位授与権に限定される (吉見, 2011)。このような事例では、まさに学生が「起点となり、高度に個人的な貢献を」実現する環境そのものを「デザインする」ことが行動戦略となる。これは、学生にとって高度に自由な選択であり、応分のリスクも負担することになる。学生の当事者としての最大のコミットメントだろう。予想と結果のズレを経験している学習当事者自身が、大学を創造し運営するのであるから、21 世紀の今日に実現すれば、その大前提や根本的な価値観の変化をもたらすことになるだろう。

(2) 事例検討

機関レベルでは、英国 QAA の「質における基礎的要件に係る訪問調査」を事例として検討しよう。

英国 (イングランド) では、2016 年度より高等教育機関に係る評価枠組が、①高等教育機関としての認証、②発展段階にある機関への評価、③基礎的要件が具備された段階にある機関への評価の三種類に変更されている (表 V-2 参照)。

表Ｖ‒2　2016年からの新たな質保証制度における主な評価について（イングランド）

	高等教育機関に係る評価枠組（質に係る評価のみ）		
	①高等教育機関としての認証（verification）	②発展段階（developmental period）にある機関への評価	③基礎的要件が具備された段階（established）にある機関への評価
対象機関	新規に高等教育セクターへの参入を目指す機関	新規に高等教育機関として認証された機関	既存の高等教育機関
レビューの概要及び目的	質における基礎的要件に係る訪問調査（Quality Review Visit）：高等教育機関として認証されるために必要な質に係る基礎的要件に関する審査	(1) 年次プロバイダーレビュー（Annual Provider Review: APR）：受審機関の主要データ、学生の意見等、年次報告の収集・分析・活用。 (2) 質における基礎的要件に係る訪問調査（再訪問）：高等教育機関として認証されるために必要な質の基礎的要件に関する審査	(1) 内部評価プロセスの認証：学生の学習成果向上等に係る各高等教育機関の内部評価プロセスの認証（verification Process）。 (2) 年次プロバイダーレビュー：受審機関の主要データ、学生の意見等、年次報告の収集・分析・活用。 (3) HEFCE質保証レビュー（HEFCE Assurance Review: HAR）：受審機関の統治機構（government body）の評価のための簡易訪問

（出典：大学改革支援・学位授与機構, 2017, p. 2 表1の一部を抜粋のうえ掲載）

「質における基礎的要件に係る訪問調査」は、①と②の段階にある高等教育機関を対象に実施される。なお、‘Quality Review Visit’（QRV）と呼ばれるこの調査において、対象となる大学の在籍学生に求められているのは、QRVに始めから終わりまで関わる学生代表主幹‘Lead Student Representative’（LSR）の指名、学生の大学における経験と大学設置者による質保証の経験を詳述した‘Student Submission’を通して見解を提供することなどである。とりわけ、‘Student Submission’は、調査対象大学において学生であることはどのようなことであり、学生の見解は意思決定や質保証プロセスにおいてどのように考慮されているかを評価チームが理解するのに役立つことから、極めて重要な証拠物と位置づけられている（QAA, 2017a）。

ところで、このような機関評価への学生参加は、ガイドマップ〈機関レベル〉では「補助」に該当する。この態様における行動戦略は、「一方的に大学を擁護しない」「有効な情報に基づく探求」「見解の衝突の奨励」である。そこでこれらの行動戦略から、‘Student Submission’を通して「学生の視点

を伝えるために考えるべき質問例」(QAA, 2017b, pp. 28-29) を検討することによって、QAA が学生参加をどのように機関評価に活用しようとしているかを考察することとする。

　LSR 向けに QAA が提供しているサバイバルガイド (QAA, 2017b) には多数の質問例が掲載されているが、例えば以下のような質問であれば、一方的に大学を擁護するわけでもなく、またその多くは Yes-No で回答する質問でもないことから、見解の衝突がかなり期待できる。

- 学生は、外部評価にアクセスしますか。
- 新しいプログラムのデザインに学生はどのように関わっていますか。
- 全てのレベルの質保証プロセスに学生はどのように関わっていますか。
- 学生代表はどのくらい効果的ですか。どのように学生は支援されていますか。
- 学生の意見に対応して改革を推進した事例はありますか。
- サービスを充実するために、National Student Survey のような証拠を大学はどのように活用していますか。
- 雇用されうる能力は、学生のためのカリキュラムにどのように組み込まれていますか。
- 大学のオンライン環境は、どれくらい役に立ちますか。
- 相互の期待を表明した書面 (学生憲章) はありますか。学生はそれを知っていますか。
- 改善を検討する際に、大学はどのように学生の声を聴きますか。
- 学習経験に対する変化や向上をどのように知らされていますか。
- 学生に提供されるウェブサイト／情報は、どれくらい使いやすく、また更新されますか。
- 留学生は、どのような言語的支援を受けますか。

しかし、以下のような質問例はどうだろうか。

- 学生は、アセスメントは適切であると感じていますか。
- 学生は、フィードバックはタイムリーで役に立つと感じていますか。
- 学生は、スタッフは十分研鑽を積み、能力があると感じますか。
- 学生は、講義にフィードバックする機会はありましたか。
- 学生は、教員の研究とモジュールの内容が結びついている証拠を目にしますか。
- 学生は、学習資源が十分であるのは確かだと思いますか。
- 学生は、大学の継続的な向上精神を知っていますか。
- (学生に提供される) ウェブサイト／情報は正確ですか。

　行動戦略の「有効な情報に基づく探求」における「有効な」とは「観察と反証が可能な情報」というダブル・ループ学習に必須の支配変数に対応している。この戦略から考えると、これらの質問は、行動者が結論に至った推論プロセスが不明な、あるいは欠落しているフィードバックを誘発しかねず、その回答からダブル・ループ学習を生み出すことは困難である (IV-3-(3) 参照)。
　さらに、以下の質問例は、ESG2005・2015 同様、ステークホルダー・アプローチによるものであろう。

- 学生は、どのようにして不服審査手続きの存在に気づきますか。
- 上記手続きの成果とタイムスケールに、学生はどのくらい満足していますか。
- 提供される何らかのキャリア・サービスに、学生はどれくらい満足していますか。
- 障害を持った学生は、どれくらい満足していますか。
- 留学生は、どれくらい満足していますか。どのような歓迎を大学か

ら受けていますか。

- 就職活動に入る学生は、どれくらい満足していますか。

　学生は学びの専門家ではない。したがって、これらの質問例に沿った「フィードバック」をもとに評価しても、学習経験や学習プロセスを適切に評価できるかどうかは疑わしい。ステークホルダーとしての意見を聴取することは可能だが、その有効性に疑問が残るのである (III-1-(2) 参照)。

VI 結 び

　本書では、質保証への学生参加を要件とする ESG に関する批判的考察に基づき、「学生参加による高等教育の質保証」理論モデルの構築と実践的なガイドマップの開発を行った。

　そもそも、高等教育の質保証は、国際的に共通の課題である。にもかかわらず、質とは何かが明らかにされないまま、各国の政策ないし大学の組織原理として導入されており、当事者の意図を離れて独り歩きしている。一方、高等教育の中心的ステークホルダーであるはずの学生は、多くの大学において「製品」か「消費者」のメタファーで語られ、質保証プロセスにおいてもインタビュー対象でしかないことが一般的である。

　こうしたなか、1999 年に始まったボローニャ・プロセスは学生を「質保証のアクター」と位置づけ、その質保証システムの基準とガイドラインである ESG では、その在り方が模索されてきた。2015 年には「学生中心の学習」を基幹とする改定が行われている。

　では一体、学生が何に・どのように参加すれば、高等教育の質保証につながるのだろうか。そして、学生参加が質保証につながるとすれば、それはなぜなのだろうか。

　本研究は、このような問題意識から、先端事例である ESG に関する批判的考察を行い、学生参加による質保証モデルの構築とその検証のためのガイドマップの開発を目的とした。

　この目的を達成するために設定した研究・調査課題は次の 6 点である。

①独り歩きする〈政策ないし組織原理としての質保証〉の問題点とは何か

②質はどのように定義されるべきか

③ESG における学生参加はどのように評価できるか

④学生が何にどのように参加すれば高等教育の質保証につながるのか

⑤定義された質の保証はどのように実現されるべきか

⑥適切な学生参加とは何か

本書を終えるにあたって、これらの課題について明らかになったことを、当初の問題意識に沿って、以下に要約する。

1. 質保証概念と質の定義

(1) 独り歩きする質保証の問題点

UNESCO-CEPES の定義は、高等教育の質保証を、内部質保証と外部質保証の対概念によって説明している。しかし、大学内部の営みか否かによって質保証を外形的に区分するにとどまり、保証される質が何であるかは明らかにしていない。その結果、的外れの指標が横行し（象徴的次元）、あるいは機関内外の統制の一種として質保証が機能している（政治的次元）。その一因は、質自体が多様な質保証の目的に従属する概念的な道具となっていることにある。

(2) 質の定義

このように考えると、「アウトカムに基づく質保証」は質の定義を起点にしており、有力なアプローチである。ところが、それが実証主義と結びつけられると、学位の比較可能性を担保するために設定された標準を媒介として、外部質保証によってアカウンタビリティが過度に強調される。結

果として、内部質保証は、外部質保証や現実の教授・学習の向上と必ずし
も連動せず、より明確な証拠書類の作成と透明性の向上に終始している（技
術的次元）。

　しかし、その「標準」は、あいまいな境界をもった観念であり、また量
を指定する記述語は解釈に伸縮性があるから、異なる文脈における学生に
ついて比較の同質性を原理的に保証できない。ゆえに、高等教育の質は、
機関（プログラム）レベルにおいて高等教育に相応しい目的が設定され、そ
の目的の充足度合いから、学生の学習が向上していると、一定の範囲内に
おける学習経験の文脈性（contextuality）から解釈されることとして定義され
るべきである。向上とは、学習目標・経路・環境に介入することによって、
学習プロセスとプロダクトが向上することである。

2. 何に・どのように参加すれば、質保証につながるか

(1) ESG における学生参加

　ESG2005 では、質の定義は多様でありうることを前提に、中心的ステー
クホルダーである学生に質保証への参加を求め、透明性の確保を目指して
きた。2015年の改定では、その有効性が実証されないままこれを継承し、「学
生中心の学習」という新たな原理を導入し、「学生中心の学習・教授・評価」
などの基準で学生参加を要請している。しかし、外形的には同じ参加であっ
ても、ステークホルダーとして意見を述べることと、その活動によって「学
習プロセスを創造する際に学生が積極的な役割を果たす」こととは別の話
である。異なる原理によって学生参加が要請されており、両者が関連づけ
られていない。

(2) 参加次元と態様

　学生が何に・どのように参加すれば、質保証につながるのかを考察する
ためには、その参加が科目・プログラム・機関のいずれの次元における参

加であるか、またその態様が、関与の程度によって、情報源、補助、協同、主導のいずれに該当するかを、客観的に分類することがまず必要である。

---

3. 学生参加は、なぜ質保証につながるのか

(1) 定義された質の保証の実現

　アカウンタビリティの遂行のために本来業務のパフォーマンスが低下して成果が出ない「アカウンタビリティのジレンマ」を回避するには、どのようなアカウンタビリティにいかに対応するかを特定しなければならない。

　内部質保証が自己目的的な作業に陥るのは、何に対するアカウンタビリティかを明確化せず、大学を防衛的思考に誘導しているからであろう。また組織として、根本的な問題を発見し修正することができないから、当事者が質保証から距離を置き、質保証が独り歩きを始める。組織学習に問題がなければ、統制的な点検・評価は本来不要である。したがって質の定義を学内外で共有し、内部質保証が組織学習として機能すれば、基準適合性を審査する外部質保証と連動すると考えられる。

　組織が根本的な問題を発見し修正するためには、行動戦略だけではなく、その大前提や根底にある価値観から見直すダブル・ループ学習が求められる。しかし、エラーやその根本的な原因を認識しても、互いの立場や体裁に配慮してこれらが隠蔽される結果、組織には不完全で歪曲されたフィードバックが蔓延し、この事態に疑問を持たなくなる。建設的思考に移行するためには、対立意見の存在や公の検証などを可能にする組織環境が必要である。

　行為者は、自分が信じているものを生み出せていないことに気づかないが、観察者や行為の受け手は気づくというごとが往々にして生じる。学生はまさにこの立ち位置にいる。つまり、学生は予想と結果のズレを、部分的であれ経験している学習当事者である。その経験を大学の組織学習に活用できるよう参加を求め、教職員がダブル・ループ学習に対する責任を回

避しないことが大学に必要である。

(2) 適切な学生参加

　　したがって、適切な学生参加とは、大学の組織学習に有効な(不完全ではなく、歪曲化もされていない)フィードバックを提供することを意味する。ただし、対等な立場でも、防衛的思考に支配された学生からは、有効なフィードバックは得られない。大学と学生の行動戦略を支配する変数を改めなければならない。

　　なお、参加によって学生は、それに必要な高等教育に関する「概念的知識」「手続的知識」を身につけうる。また、この専門性を基礎に「対話的理性」を学生が獲得しうることも、学生参加の効果の一つである。

　　定義された質の保証を実現するために、大学(部局)が高等教育に相応しい目的を設定し、組織としての学習システムを構築することが内部質保証となる。その際、行動戦略を支配する変数は、建設的思考を可能にする「観察と反証が可能な情報」「情報に基づく自由な選択」「選択に対する当事者としてのコミットメントとその実施状況の恒常的モニタリング」とすることが求められる。そうして初めて、多様な次元・態様における学生参加は、学習目標・経路・環境への介入となり、ダブル・ループ学習を生み出し、学生の学習向上に結びつくことになる。

　　外部質保証では、対話的理性と専門性を獲得した学生が、大学(部局)ないし評価機関側から第三者評価に参加し、適合性審査に貢献することができる。向上のための指摘はその精度を増し、より的確な基準適合判定は質保証として対外的に機能する。

　　以上が、学生参加が質保証につながる理由である。なお、本研究では、構築した理論モデルを基に、参加次元に対応した3種類のガイドマップ(科目レベル・プログラムレベル・機関レベル)を開発した。大学(部局)と学生とのインタラクションを図解し、行動戦略および行動結果、組織学習の結果を参加態様ごとに示すとともに、これらの視点から事例検討を行い、優れ

ている点や留意すべき事項に言及し、理論モデルの有効性を確認した。

4. 日本の高等教育への示唆

　日本の第三期認証評価は、三つのポリシーという「仕様書」の設定とこれを実現する仕組みの構築やマネジメントを大学に求め（内部質保証）、質保証機関がこれらを審査する（外部質保証）という構図である。三つのポリシーを媒介にアウトカム評価が間接的に求められており、外部質保証のための内部質保証という関係に変化はない。また、学生の意見が聴取される機会は、依然としてインタビューに限定されている。

　内部質保証を自己目的的作業から組織学習に転換し、外部質保証との連動を図ることが必要であり、そのためには学生を建設的対立を促す学習当事者と捉え、質保証への参加を求めることが不可欠である。

　ただし、25歳以上の大学型高等教育機関への入学者数を比較すると、諸外国の平均は約2割に達し、社会人学生も相当数含まれる一方、日本の社会人学生比率は1.9%と低く、大きな差がある（文部科学省, 2015）。したがって、日本の高等教育において質保証への参加を学生に求めた場合、不完全で歪曲化されたフィードバックによって組織が硬直化している事態を学生がリアルに理解できない可能性はある。しかし、アージリス（Argyris, 1982）が指摘するように、Model I は、人々が成長期を経て社会人となる過程で無自覚に身につける行動理論であり、その限界に気づく機会を学生に提供すると同時に、建設的対立を促す学習当事者としての活動を学生に求める意義は、日本における高等教育の質保証においても大きいと思われる。また、対話的理性というコンピテンシーを獲得した学生が就業した際には、所属する組織の学習に大いに貢献することになるだろう。

5. 本研究の限界と今後の課題

　最後に、本研究の限界と今後の課題をまとめて結びとしたい。

　本研究は、適切な学生参加を特定し、質保証システムの構成要素とすることによって、高等教育の質は保証されるのではないかという仮説を前提としている。この仮説に沿って、先端事例であるESGの批判的考察に基づく「学生参加による高等教育の質保証」理論モデルを構築し、実践的なガイドマップの開発によって、構築した理論モデルの有効性を検証した。

　本研究は、理論モデルの構築とガイドマップの開発によって、「望ましい事柄を具体的に設定し、その望ましい事柄を実現するために操作可能な具体的要素に働きかけるには、ある特定の要素をどのように操作すれば望ましい帰結を得ることができるのか」(佐藤, 2012, p. 334)を明らかにしている点において、学生参加による質保証に関する先行研究に対して、新たな知見を提供し得たと考える。

　ただし、本研究は、適切な学生参加を特定し、質保証システムの構成要素とすることを、「かくあるべき」ものとして探求しているという意味では、規範的アプローチによる研究である。これに対して、「かくある」ものを探求する経験的アプローチによる研究が必要ではないかとの見解もあるだろう。すなわち、例えば欧州各国の現状を理解し記述する経験的アプローチによる研究が求められるとの指摘である。

　本研究に対するこの指摘は、部分的には正当である。というのも、学生参加による高等教育の質保証を実現するためには、「出発点たる現状の正確な把握と、接近させるべき理想の理解が二つながら求められる」(佐藤, 2012, p. 333)からである。確かに、経験的アプローチと規範的アプローチの双方を視野に入れる必要があるだろう。

　しかしながら、ESGに対応した質保証システムの構築が求められている欧州各国でも、学生参加による質保証の現状は多様である。例えば、オランダの内部質保証システムはESGに沿ってかなり整備されており、学

生はかなり強力なステークホルダーの立場を享受している一方、ドイツで
はESGへの順応度は低く、内部質保証において学生は強力な役割を果た
せていない。むしろ、学生の要求を実現できる教員に強く依存している結
果、質保証における学生の権限は小さく潜在的であり、あくまで学生は制
限された立場にあるとの報告もある (Longerman & Leišytė, 2015)。

　このような現状を「かくある」ものとして理解し記述する経験的アプロー
チによる研究を行うためには、学生参加による高等教育の質保証がなぜ望
ましいのか、誰にとってどのように望ましいのか、高等教育機関全体にとっ
てどのような意味で良いのか、どのようにしてそれは確認されるのか、な
どについて探求する規範的アプローチによる研究がまず必要である。そこ
で本研究では、質の定義を行い、ESGという事例に基づく理論研究を行
い、学生参加による高等教育の質保証理論モデルを構築することによって、
何をどのように変化させることによってその「かくあるべき」ものになる
のかを追求し、実践的なガイドマップを開発してその理想に具体的に接近
できるように努めた。しかし、学生参加による質保証を実現するためには、
その実現に取り組む地域・国家の現状を正確に把握することが出発点とし
て必要である。本研究は、そこには至っていない。この点は、先端事例に
基づく理論研究である本研究の限界である。

　したがって今後の課題は、高等教育の質保証の実現に取り組む地域・国
家を特定しその現状を正確に把握したうえで、本書において構築した理論
モデルとガイドマップを活用して、その質保証理論と実践を変えていくこ
とである。例えば、前述の通り、日本の第三期認証評価では、学生の意見
が聴取される機会は、依然としてインタビューに限定されている。しかし、
内部質保証を組織としての学習システムに再構築するためには、学習当事
者である学生が質保証に参加して建設的対立を促すことが不可欠である。
科目レベル・プログラムレベル・機関レベルにおいて、情報源・補助・協
同・主導という多様な態様で学生が質保証に参加する取り組みを推進する
ことが求められており、そのプロセスを通して「学生参加による高等教育

の質保証」に関する実証的研究に取り組むことが今後の課題である。

引用参考文献

Alaniska, H., & Eriksson, S.（2006）. Student participation in quality assurance in Finland. In European Association for Quality Assurance in Higher Education（ENQA）（Ed.）, *Student involvement in the processes of quality assurance agencies* (pp. 12-15). Helsinki: ENQA.

Amaral, A.（2014）. Where are quality frontiers moving to? In M. J. Rosa & A. Amaral（Eds.）, *Quality assurance in higher education: Contemporary debates* [Kindle version]. Retrieved from https://www.amazon.co.jp/Quality-Assurance-Higher-Education-Contemporary-ebook/dp/B01FYBA8M4/ref=tmm_kin_title_0?_encoding=UTF8&qid=&sr=

Amaral, A., & Rosa, M. J.（2014）. The swiftly moving frontiers of quality assurance. In M. J. Rosa & A. Amaral（Eds.）, *Quality assurance in higher education: Contemporary debates* [Kindle version]. Retrieved from https://www.amazon.co.jp/Quality-Assurance-Higher-Education-Contemporary-ebook/dp/B01FYBA8M4/ref=tmm_kin_ title_0?_encoding=UTF8&qid=&sr=

Anderson, G.（2006）. Assuring quality/resisting quality assurance: Academics' responses to 'quality' in some Australian universities. *Quality in Higher Education, 12*（2）, 161–173.

Argyris, C.（1977）. Double loop learning in organizations. *Harvard Business Review, Sept. -Oct.,* 115-125.　アージリス, C.（2007）.「ダブル・ループ学習とは何か」DIAMOND ハーバード・ビジネス・レビュー 編集部編訳『組織能力の経営論：学び続けるベスト・プラクティス』(pp. 100-113), ダイヤモンド社.

Argyris, C.（1982）. *Reasoning, learning, and action: Individual and organizational.* San Francisco, CA: Jossey-Bass.

Argyris, C., & Schön, D. A.（1995）. *Organizational learning II: Theory, method, and practice.* Boston, MA: Addison-Wesley.

Arnstein, S.（1969）. A ladder of citizen participation. *Journal of the American Institute of Planners, 35*（4）, 216–224.

Ashwin, P., Abbas, A., & McLean, M.（2014）. How do students' accounts of sociology change over the course of their undergraduate degrees? *Higher Education, 67*（2）, 219–234.

Ashwin, P., and McVitty, D.（2015）. The meanings of student engagement: Implications for policies and practices. In Curaj et al.（Eds.）, *The European higher education area: Be-*

tween critical reflections and future policies (pp. 343–359) .Cham, Switzerland: Springer.

Banta, T. W., & Palomba, C. A. (2015) . *Assessment essentials: Planning, implementing, and improving assessment in higher education* (2nd ed.) . San Francisco, CA: Jossey-Bass.

Bergan, S. (2011) . *Not by bread alone*. Strasbourg: Council of Europe Publishing.

Bitzer, V., Hamann R., Hall, M., & Griffin-EL, E. W. (2015) . *The business of social and environmental innovation: New frontiers in Africa*. Cham, Switzerland: Springer.

Borglund, D., Carlsson, U., Tosti, M. C., Havtun, H., Hjelm, N., Naimi-Akbar, I., & Kungliga Tekniska Högskolan, (2016) . *Learning experience questionnaire - course analysis for development* (2nd ed.) . Kungliga Tekniska Högskolan.

Bovill, C., A, Cook-Sather., Felten, P., Millard, L., & Moore-Cherry, N. (2016) . Addressing potential challenges in co-creating learning and teaching: Overcoming resistance, navigating institutional norms and ensuring inclusivity in student–staff partnerships. *Higher Education, 71* (2) , 2195–2208.

Burrell, G., & Morgan, G. (1979) . *Sociological paradigms and organizational analysis*. London: Ashgate Publishing. バーレル, G・モーガン・G (1986).『組織理論のパラダイム―機能主義の分析枠組』(鎌田伸一・金井一頼・野中郁次郎訳) 千倉書房.

Carey, P. (2013) . Student as co-producer in a marketised higher education system: A case study of students' participation in curriculum design. *Innovations in Education and Teaching International. 50* (3) , 250-260.

Carey, P. (2018) . The impact of institutional culture, policy and process on student engagement in university decision-making. *Perspectives: Policy and Practice in Higher Education 22* (1) , 11–18.

Coates, H., & McCormick, A. (2014). Emerging Trends and perspectives. In H. Coates & A. McCormick (Eds.) , *Engaging university students: International insights from system-wide studies* (pp. 151-158) . Dordrecht: Springer.

大学評価・学位授与機構編 (2014).『大学評価フォーラム　学生からのまなざし―高等教育質保証と学生の役割―』大学評価・学位授与機構.

大学改革支援・学位授与機構 (2016).『豪州で 2015 年度全国学生調査 (SES) の結果が公表』大学改革支援・学位授与機構. (https://qaupdates.niad.ac.jp/2016/03/31/student_experience_survey_2015/ 2019 年 1 月 2 日閲覧)

大学改革支援・学位授与機構 (2017).『諸外国の高等教育分野における質保証システムの概要「英国」：追補資料 英国における 2016 年からの新たな質保証制度について (概要)』大学改革支援・学位授与機構. (https://www.niad.ac.jp/n_kokusai/info/uk/uk2017.pdf　2018 年 12 月 1 日閲覧)

ENQA.（2005）. *Standards and guidelines for quality assurance in the European higher education area.* Helsinki: ENQA.

ENQA.（2006）. *Student involvement in the processes of quality assurance agencies.* Helsinki: ENQA.

ENQA et al.（2015）. *Standards and guidelines for quality assurance in the European higher education area (ESG).* Brussels: EURASHE.

EURASHE et al.（2016）. *Comparative analysis of the ESG 2015 and ESG 2005.* The EQUIP project.

European Commission（2007）. *Key competences for lifelong learning: European reference framework.* Luxembourg: Office for Official Publications of the European Communities.

European Commission/EACEA/Eurydice.（2015）. *The European higher education area in 2015: Bologna process implementation report.* Luxembourg: Publications Office of the European Union.

深堀聡子（2015）.「アウトカム重視の大学教育改革」深堀聡子編著『アウトカムに基づく大学教育の質保証』（pp. 3-32）, 東信堂.

Gover, A., Loukkola, T., & Sursock, A.（2015）. *ESG part 1: Are universities ready?* Brussels: European University Association.

Harvey, L.（2006）. Understanding quality. In L. Purser（Ed.）, *EUA Bologna handbook: Making Bologna work*, Section B 4.1-1 of Introducing Bologna objectives and tools（pp. 1-30）. Brussels: European University Association.

Harvey, L.（2007）. Epistemology of quality. *Perspectives in Education, 25*（3）, 1-13.

Harvey, L., & Green, D.（1993）. Defining quality. *Assessment and Evaluation in Higher Education, 18*（1）. 9–34.

Harvey, L.,& Newton, J.（2004）. Transforming quality evaluation. *Quality in Higher Education, 10*（2）, 149-165.

Harvey, L., & Newton, J.（2006）. Transforming quality evaluation: Moving on. In D.Westerheijden, B, Stensaker, & M. J. Rosa.（Eds.）, *Quality assurance in higher education: Trends in regulation, translation and transformation*（pp. 225-245）, Dordrecht, Nederlands: Springer.

Harvey, L., & Williams, J.（2010）. Fifteen years of quality in higher education. *Quality in Higher Education, 16*, 3-36.

林隆之（2018）.「内部質保証システムの概念と要素―先行研究のレビューと「教育の内部質保証に関するガイドライン」の定位―」『大学評価・学位研究』第19号, 1-22.

Healey, M., Flint, A., & Harrington, K.（2014）. *Engagement through partnership: Students as partners in learning and teaching in higher education.* York, UK: Higher Education Academy.

Healey, M., Flint, A., & Harrington, K.（2016）. Student as partners: Reflections on conceptual model. *Teaching & Learning Inquiry, 4* (2) . Retrieved from http://dx.doi.org/10.20343/teachlearninqu.4.2.3

日向野幹也・松岡洋佑 (2017) .『大学教育アントレプレナーシップ―いかにリーダシップ教育を導入したか―（増補版）』BookWay.

広田照幸 (2016) .「第一線大学教員はなぜ改革を拒むのか―分野別参照基準の活用について考える―」『大学評価研究』第 15 号 , 37-45.

Hoecht, A. (2006) . Quality assurance in UK higher education: Issues of trust, control, professional autonomy and accountability. *Higher Education, 51* (4) , 541–563.

井上義和 (2013) .「大学構成員としての学生―「学生参加」の歴史社会学的考察―」広田照幸・吉田文・小林傳司・上山隆大・濱中淳子編『シリーズ大学 6　組織としての大学―役割や機能をどうみるか―』(pp. 123-195) , 岩波書店 .

石井英真 (2015) .『今求められる学力と学びとは―コンピテンシー・ベースのカリキュラムの光と影―』日本標準 .

Kahu, E. (2013) . Framing student engagement. *Studies in Higher Education, 38* (5) , 758–773.

上別府隆男 (2015) .「中東欧の体制移行国におけるボローニャ・プロセスと高等教育改革」『都市経営』No.8, 65-73.

木戸裕 (2008) .「ヨーロッパ高等教育の課題―ボローニャ・プロセスの進展状況を中心として―」『レファレンス』2008 年 8 月号 , 5-27.

北島江里子 (2017) .「スウェーデンの大学における教育の質向上への取り組みと教職員の能力開発」(https://www-overseas-news.jsps.go.jp/wp/wp-content/uploads/2017/04/2016kenshu_10sto_kitajima.pdf　2018 年 12 月 1 日閲覧)

Klemenčič, M. (2012) . The changing conceptions of student participation in he governance in the EHEA. In A. Curaj, P. Scott, L,Vlasceanu, & L. Wilson (Eds.) , *European higher education at the crossroads: Between the Bologna process and national reforms* (pp. 631-654) . Dordrecht, Nederlands: Springer.

Klemenčič, M. (2015) . Student agency into research on student engagement- an ontological exploration. In M. Klemenčič, S. Bergan, & R. Primožič (Eds.) , *Student engagement in Europe: Society, higher education and student governance* (pp. 11-29) . Strasbourg: Council of Europe Publishing.

Klemenčič, M. (2017) . From Student engagement to student agency: Conceptual considerations of European policies on student-centered learning in higher education. *Higher Education Policy, 30*, 69–85.

クーゼス , J. M.・ポズナー , B, Z. (2014) .『リーダーシップ・チャレンジ（原書第 5 版）』海と月社 .

Kuh, G. (2009) . The National Survey of Student Engagement: Conceptual and Empirical

Foundations. *New Directions for Institutional Research, 141*, 5–20.

楠根由美子 (2017).「英国の大学における教育の質保証―学生の声をより良い教育に繋げる仕組みに着目して―」(https://www-overseas-news.jsps.go.jp/wp/wp-content/uploads/2017/04/2016kenshu_08lon_kusune.pdf 2019 年 1 月 2 日閲覧)

Logermann, F. & Leišytė, L. (2015). Students as stakeholders in the policy context of the European standards and guidelines for quality assurance in higher education institutions. In A. Curaj et al. (Eds.), *The European higher education area: Between critical reflections and future policies* (pp. 685-701), Cham, Switzerland: Springer.

ルイス, R. (2005).「講演録：ボローニャ宣言―ヨーロッパ高等教育の学位資格と質保証の構造への影響―」『大学評価・学位研究』第 3 号, 75-90.

松下佳代 (2013).「目標－評価システムの光と影」『日本カリキュラム学会第 24 回大会』課題研究 I「社会の変化に対応して育成すべき資質・能力とカリキュラム開発」配布資料.

松下佳代 (2016).「第 1 章　アクティブラーニングをどう評価するか」松下佳代・石井英真編『アクティブラーニングの評価』(pp. 3-25), 東信堂.

松下佳代・山田勉・武田佳子・杉山芳生 (2017).「アクティブラーニングの評価の論点と課題」『大学教育学会第 39 回大会』自由研究発表 I 配布資料.

文部科学省 (2015).『社会人の学び直しに関する現状等について』文部科学省. (http://www.mext.go.jp/b_menu/shingi/chousa/koutou/065/gijiroku/__icsFiles/afieldfile/2015/04/13/1356047_3_2.pdf　2018 年 12 月 23 日閲覧)

Naidoo, R., & Jamieson, I. (2005). Empowering participants or corroding learning? Towards a research agenda on the impact of student consumerism in higher education. *Journal of Education Policy, 20* (3), 267-281.

Naidoo, R., & Whitty, G. (2013). Students as consumers: Commodifying or democratising learning? *International Journal of Chinese Education, 2* (2), 212-240.

大場淳 (2008).「欧州における学生参加―高等教育質保証への参加を中心に―」『大学と学生』第 50 号, 7-13.

大場淳 (2009).「第 7 章 フランスにおける高等教育の質保証」羽田貴史・米澤彰純・杉本和弘編著『高等教育質保証の国際比較』(pp. 177-195), 東信堂.

大場淳 (2011).「欧州における高等教育質保証の展開」広島大学・高等教育開発センター編『大学教育質保証の国際比較』(pp. 1-24), 広島大学・高等教育開発センター.

Palomares F. M. G. (2012). Consequences of the student participation in quality assurance why should there be students involved in QA? In A. Curaj, P. Scott, L. Vlasceanu, & L. Wilson (Eds.), *European higher education at the crossroads: Between the Bologna process and national reforms* (pp. 361-376). Dordrecht, Nederlands: Springer.

Quality Assurance Agency for Higher Education (QAA). (2017a). *Quality review visit: Handbook for England and Northern Ireland.* Gloucester, UK: QAA.

Quality Assurance Agency for Higher Education (QAA). (2017b). *Quality review visit: Survival guide for lead student representatives* (2nd ed.). Gloucester, UK: QAA.

Ramírez, G. B. (2013). Studying quality beyond technical rationality: Political and symbolic perspectives. *Quality in Higher Education, 19* (2), 126–141.

レッシャー, N. (1981).『対話の論理―弁証法再考』(内田種臣訳) 紀伊国屋書店.

Rothschild, M., & Laurence, J. W. (1995). The analytics of the pricing of higher education and other services in which the customers are inputs. *Journal of Political Economy, 103* (3), 573-586.

Sadler, D. R. (2013). The futility of attempting to codify academic achievement standards. *Higher Education: The International Journal of Higher Education and Educational Planning, 67* (3), 273–288.

佐藤満 (2012).「事例研究と政策科学」『政策科学』19-3, 331-350.

Schutz, A. (1946). The well-informed citizen: An essay on the social distribution of knowledge. *Social Research, 13* (4), 463-478.

Skolnik, M. L. (2010). Quality assurance in higher education as a political process. *Higher Education Management Policy, 22* (1), 1-20.

杉原真晃 (2006).「大学教育における「学習共同体」の教育学的考察のために」『京都大学高等教育研究』第 12 号, 163-170.

舘昭 (2010).「ボローニャ・プロセスの意義に関する考察―ヨーロッパ高等教育圏形成プロセスの提起するもの―」『名古屋高等教育研究』第 10 号, 161-180.

タイヒラー, U. (2006).「「ヨーロッパ高等教育圏」の構築に向けて―収斂と多様性―」『ヨーロッパの高等教育改革』(pp. 65-93), 玉川大学出版部.

Tight, M. (2013). Students: Customers, clients or pawns? *Higher Education Policy, 26,* 291-307.

Trowler, V. (2010). *Student engagement literature review.* York, UK: Higher Education Academy.

土屋俊 (2013).「デジタル・メディアによる大学の変容または死滅」広田照幸・吉田文・小林傳司・上山隆大・濱中淳子編『シリーズ大学 1　グローバリゼーション, 社会変動と大学』(pp. 167-196), 岩波書店.

Vlăsceanu, L., Grünberg, L., & Pârlea, D. (2004). *Quality assurance and accreditation: A glossary of basic terms and definitions.* Bucharest, Romania: UNESCO-CEPES.

Western Association of Schools and Colleges (WASC). (2013). *Program review rubric for assessing the integration of student learning assessment into program reviews.* Alameda,

CA:WASC. Retrieved from https://www.wscuc.org/content/rubric-program-re-view

Wiggins, G., & McTighe, J. (2005). *Understanding by design* (Expanded 2nd ed.). Alexandria, VA: Association for Supervision and Curriculum Development. ウィギンズ, G.・マクタイ, J. (2012).『理解をもたらすカリキュラム設計―「逆向き設計」の理論と方法―』(西岡加名恵訳) 日本標準.

Williams, J. (2013). *Consuming higher education: Why learning can't be bought.* London: Bloomsbury Academic.

山田勉 (2016).「学生参加による高等教育の質保証―学生の役割に基づく理論枠組みとボローニャ・プロセスの到達点―」『大学教育学会誌』第 38 巻第 2 号, 37-46.

山田勉 (2018).「薬学教育評価・第 2 サイクルの課題」『薬学教育』第 2 巻, 39-46. doi: 10.24489/jjphe.2018-006.

山田剛史 (2018).「大学教育の質的転換と学生エンゲージメント」『名古屋大学高等教育研究』第 18 号, 155-176.

山谷清志 (2006).『政策評価の実践とその課題―アカウンタビリティのジレンマ』萌書房.

吉見俊哉 (2011).『大学とは何か』岩波書店.

資　料

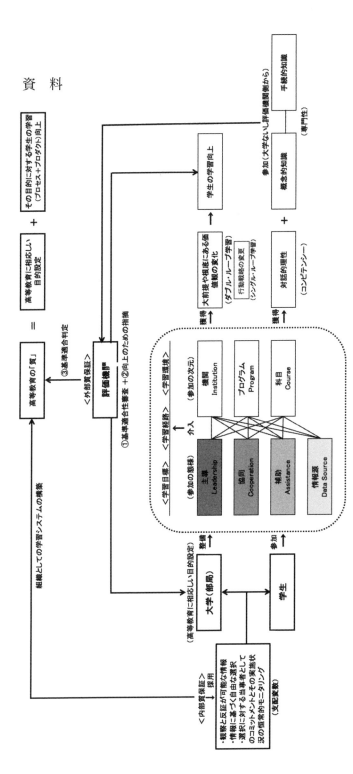

①基準適合性の審査を行うことによって、②大学（プログラム）に対して向上のための指摘を行い、③適合と判定した際には、対外的に質を保証することになる。

図Ⅵ-1　「学生参加による高等教育の質保証」理論モデル

（出典：筆者作成）

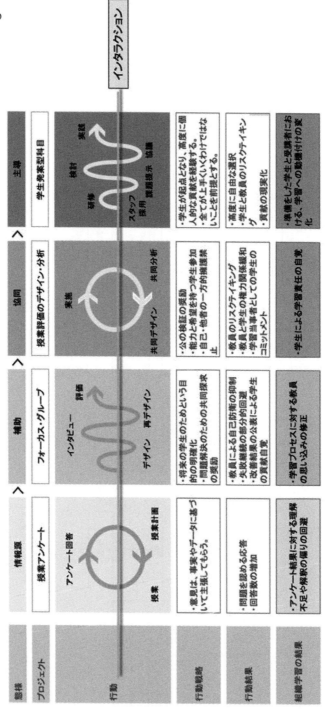

図VI-2　学生参加による質保証ガイドマップ〈科目レベル〉

（出典：筆者作成）

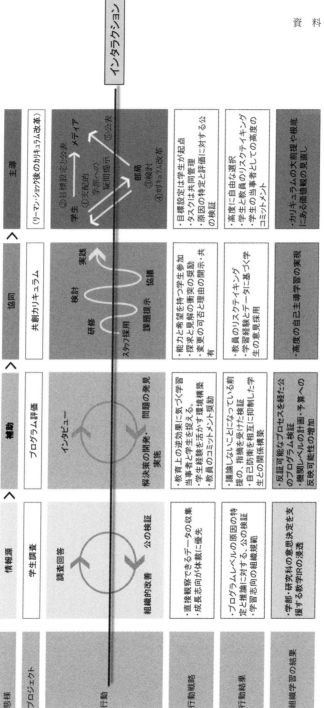

図VI-3　学生参加による質保証ガイドマップ〈プログラムレベル〉

（出典：筆者作成）

122

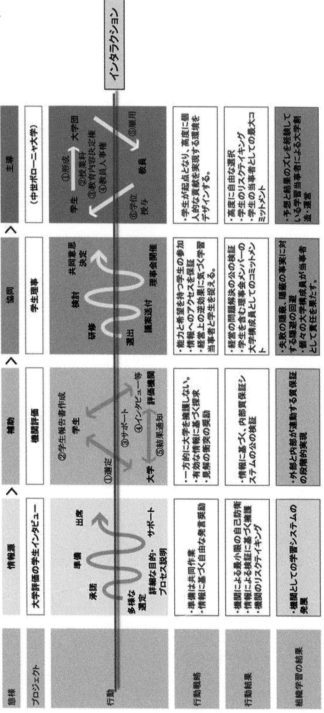

図VI-4 学生参加による質保証ガイドマップ（機関レベル）

（出典：筆者作成）

あとがき　謝辞にかえて

　研究にあたって、たくさんの方に大変お世話になりました。厚く御礼申し上げます。

　最初に、修士課程から博士後期課程にわたり、終始、直接のご指導を賜った京都大学高等教育研究開発推進センターの松下佳代教授に深謝いたします。本当に最後の最後まで、親身で暖かく、きめ細やかなご指導をしていただきました。50代で研究を志す社会人にとって、心から尊敬できる師に恵まれたことは、幸甚の至りです。多幸だったと思います。

　つづいて、同センターの山田剛史准教授（現：関西大学 教育推進部／教育開発支援センター教授）、ならびに教育学研究科の服部憲児准教授には、副査として的確なご助言をいただきました。ここに感謝の意を表します。また、同センター所属の諸先生方には、研究遂行に有益なご意見を多数頂戴いたしました。ここに謝意を表します。

　さらに、私事にわたり恐縮ですが、家族（父・茂男、母・栄子、妻・幸恵、長女・志乃、長男・佑）に、感謝の気持ちを伝えます。いつも本当にありがとう。特に、長期の入院生活を頑張って乗り越えた佑ちゃん、それにずっと付き添った幸恵、その間パパと二人だけで暮らした志乃に、感謝の気持ちで一杯です。

　最後に、公私ともに親交の深かった橋本孝志氏（大学基準協会 評価事業部長）が令和元年7月27日に逝去されました（享年45歳）。本書を霊前に捧げ、心からご冥福をお祈りいたします。あなたは私にとって唯一無二の親友でした。

　令和2年12月20日

山田　勉

索　引

著者紹介

山田　勉（やまだつとむ）

名古屋市立大学高等教育院 教授。京都大学博士（教育学）。
1964年生　京都大学大学院教育学研究科博士後期課程修了。
専攻：教育科学
立命館大学 教学部課長・事務長、大学基準協会 専門職員・副主幹（出向）、学校法人立命館 総合企画部課長などを経て2020年5月より現職。
専門は、大学教育学、質保証・大学評価論。高等教育研究における能力論・学習論・評価論に関する知見を基礎に、大学と評価機関の双方の立場から、高等教育の質保証を実現するための研究と教育改善に取り組んでいる。薬学教育評価機構アドバイザー兼任。
著作に、「薬学教育評価・第2サイクルの課題」（『薬学教育』第2巻, 2018年）、「認証評価と教育改革―三つのポリシーの射程と陥穽―」（『IDE－現代の高等教育』Vol.595, 2017年）、「学生参加による高等教育の質保証―学生の役割に基づく理論枠組みとボローニャ・プロセスの到達点―」（『大学教育学会誌』第38巻第2号, 2016年）、「質保証は絵空事か―第2期認証評価実践上の課題―」（『大学評価研究』12号, 2013年）などがある。

学生参加による高等教育の質保証

2021年2月5日　　初　版第1刷発行　　　　　〔検印省略〕
定価はカバーに表示してあります。

著者Ⓒ山田勉／発行者 下田勝司　　　　　印刷・製本／中央精版印刷

東京都文京区向丘 1-20-6　　郵便振替 00110-6-37828
〒113-0023　TEL (03)3818-5521　FAX (03)3818-5514
Published by TOSHINDO PUBLISHING CO., LTD.
1-20-6, Mukougaoka, Bunkyo-ku, Tokyo, 113-0023, Japan
E-mail : tk203444@fsinet.or.jp http://www.toshindo-pub.com

発　行　所
㍿ 東信堂

ISBN978-4-7989-1660-6 C3037　Ⓒ Yamada Tsutomu

東信堂

大学の自己変革とオートノミー ―点検から創造へ　　　　　　　　寺崎昌男　二五〇〇円
大学教育の創造 ―歴史・システム・カリキュラム　　　　　　　　寺崎昌男　二五〇〇円
大学教育の可能性 ―教養教育・評価・実践　　　　　　　　　　　寺崎昌男　二五〇〇円
大学は歴史の思想で変わる ―FD・評価・私学　　　　　　　　　寺崎昌男　二八〇〇円
大学改革 その先を読む　　　　　　　　　　　　　　　　　　　寺崎昌男　二三〇〇円
大学自らの総合力 ―理念とFD そしてSD　　　　　　　　　　　寺崎昌男　二〇〇〇円
大学自らの総合力II ―大学再生への構想力　　　　　　　　　　寺崎昌男　二四〇〇円
21世紀の大学：職員の希望とリテラシー　　　寺崎昌男　編著／立教学院職員研究会　二五〇〇円
ミッション・スクールと戦争 ―立教学院のディレンマ　　　　　　老川慶喜編　五八〇〇円
一貫連携英語教育をどう構築するか　　　　　　　　　　　　　　前田一男編　一八〇〇円
英語の一貫教育へ向けて ―「道具」としての英語観を超えて　鳥飼玖美子編著／立教学院英語教育研究会編　二八〇〇円

大学評価の体系化　　　　　　　　　　　　　　　　　　　大学基準協会編　三二〇〇円
アウトカムに基づく大学教育の質保証 ―チューニングとアセスメントにみる世界の動向　深堀聰子編　三六〇〇円
大学教育における高次の統合的な能力の評価 ―量的vs質的、直接vs間接の二項対立を超えて　斎藤有吾　二八〇〇円
高等教育質保証の国際比較　　　羽田貴史／杉本和弘編集代表／米澤彰純監訳　三三〇〇円
学士課程教育の質保証へむけて ―学生調査と初年次教育からみえてきたもの　山田礼子　三六〇〇円
学生参加による高等教育の質保証　　　　　　　　　　　　　　　山田勉　二四〇〇円
新自由主義大学改革 ―国際機関と各国の動向　　　　　　　細井克彦編集代表　三八〇〇円
新興興国家の世界大学改革 ―世界水準をめざすアジア・中南米と日本　舘昭　四八〇〇円
東京帝国大学の真実 ―日本近代大学形成の検証と洞察　　　　　　舘昭　四六〇〇円
原理・原則を踏まえた大学改革を ―現場当たり策からの脱却こそグローバル化の条件　舘昭　二〇〇〇円
学生支援GPの実践と新しい学びのかたち　　　大島真夫・浜島幸司・清水　多司人　二八〇〇円

〒113-0023　東京都文京区向丘1-20-6　　TEL 03-3818-5521　FAX03-3818-5514　振替 00110-6-37828
Email tk203444@fsinet.or.jp　URL:http://www.toshindo-pub.com/
※定価：表示価格（本体）＋税

東信堂

〒113-0023　東京都文京区向丘1-20-6　　TEL 03-3818-5521　FAX03-3818-5514　振替 00110-6-37828
Email tk203444@fsinet.or.jp　URL:http://www.toshindo-pub.com/

※定価：表示価格（本体）＋税

東信堂

東信堂

附属新潟中式「主体的・対話的で深い学び」をデザインする「学びの再構成」
—教科独自の眼鏡を育むことが「主体的・対話的で深い学び」の鍵となる！
新潟大学教育学部附属新潟中学校研究会 編著 ……二三〇〇円

主体的・対話的で深い学びの環境とICT
—アクティブ・ラーニングによる資質・能力の育成
久保田賢一・今野貴之 編著 ……二三〇〇円

児童の教育と支援―学びをみつめる
田中正浩 監修／塚原拓馬 編著 ……二〇〇〇円

「主体的学び」につなげる評価と学習方法
—カナダで実践される I-CEモデル
S・ヤング&R・ウィルソン著 土持ゲーリー法一訳 ……二〇〇〇円

主体的学び 別冊 高大接続改革　主体的学び研究所編 ……一八〇〇円
主体的学び 創刊号　主体的学び研究所編 ……一八〇〇円
主体的学び 2号　主体的学び研究所編 ……一六〇〇円
主体的学び 3号　主体的学び研究所編 ……一六〇〇円
主体的学び 4号　主体的学び研究所編 ……一六〇〇円
主体的学び 5号　主体的学び研究所編 ……一八〇〇円
主体的学び 6号　主体的学び研究所編 ……一八〇〇円

現代アメリカの教育アセスメント行政の展開
—マサチューセッツ州（MCASテスト）を中心に
北野秋男編 ……四八〇〇円

アメリカ公民教育におけるサービス・ラーニング
唐木清志 ……四六〇〇円

［増補版］現代アメリカにおける学力形成論の展開
—スタンダードに基づくカリキュラムの設計
石井英真 ……四六〇〇円

ハーバード・プロジェクト・ゼロの芸術認知理論とその実践
—内なる知性とクリエイティビティを育むハワード・ガードナーの教育戦略
池内慈朗 ……六五〇〇円

アメリカにおける学校認証評価の現代的展開
浜田博文編著 ……二八〇〇円

アメリカにおける多文化的歴史カリキュラム
桐谷正信 ……三六〇〇円

現代教育制度改革への提言 上・下
日本教育制度学会編 ……各二八〇〇円

日本の教育をどうデザインするか
村田翼夫・上田学 他編著 ……二八〇〇円

現代日本の教育課題—二一世紀の方向性を探る
村田翼夫・上田学 編著 ……二八〇〇円

バイリンガルテキスト現代日本の教育
村田翼夫・山口満編著 ……三八〇〇円

社会形成力育成カリキュラムの研究
西村公孝 ……六五〇〇円

社会科は「不確実性」で活性化する
—未来を開くコミュニケーション型授業の提案
吉永潤 ……二四〇〇円

〒113-0023　東京都文京区向丘1-20-6　TEL 03-3818-5521　FAX03-3818-5514　振替 00110-6-37828
Email tk203444@fsinet.or.jp　URL:http://www.toshindo-pub.com/
※定価：表示価格（本体）＋税

東信堂

書名	著者・訳者	本体価格
倫理学と法学の架橋—ファインバーグ論文選	Ｊ・ファインバーグ著／嶋津・飯田編・監訳	六八〇〇円
責任という原理—科学技術文明のための倫理学の試み（新装版）	Ｈ・ヨナス著／加藤尚武監訳	四八〇〇円
主観性の復権—心身問題から『責任という原理』へ	Ｈ・ヨナス著／宇佐美・滝口訳	二〇〇〇円
ハンス・ヨナス「回想記」	盛永・木下・馬渕・山本訳	四八〇〇円
生命の神聖性説批判	Ｈ・クーゼ著／飯田・石川・小野谷・片桐・水野訳	四六〇〇円
生命科学とバイオセキュリティ—デュアルユース・ジレンマとその対応	四ノ宮成祥・河原直人編著	二四〇〇円
医学の歴史	石渡隆司監訳	二四〇〇円
安楽死法：ベネルクス3国の比較と資料	今井道夫監訳	四六〇〇円
死の質—エンド・オブ・ライフケア世界ランキング	盛永審一郎監修	二七〇〇円
バイオエシックスの展望	丸祐一・小野谷・飯田・水野訳	一二〇〇円
死生学入門—小さな死・性・ユマニチュード	松坂・奈良井・悦子編著	三二〇〇円
生命の問い—生命倫理学と死生学の間で	大林雅之	一三〇〇円
生命の淵—バイオシックスの歴史・哲学・課題	大林雅之	一三〇〇円
今問い直す脳死と臓器移植【第2版】	澤田愛子	二〇〇〇円
キリスト教から見た生命と死の医療倫理	浜口吉隆	二三八一円
動物実験の生命倫理—個体倫理から分子倫理へ	大上泰弘	四〇〇〇円
医療・看護倫理の要点	水野俊誠	二〇〇〇円
テクノシステム時代の人間の責任と良心	Ｈ・レンク著／山本・盛永訳	三五〇〇円
原子力と倫理—原子力時代の自己理解	小笠原道雄編	一八〇〇円
科学の公的責任—科学者と私たちに問われていること	小笠原・野平編訳	一八〇〇円
歴史と責任—科学者は歴史にどう責任をとるか	小笠原・野平編訳	一八〇〇円
傲れる野獣の追放	加藤守通訳	三三〇〇円
原因・原理・一者について	加藤守通訳	三三〇〇円
カンデライオ	加藤守通訳	四八〇〇円
ロバのカバラ—ジョルダーノ・ブルーノにおける文学と哲学	Ｎ・オルディネ著／加藤守通訳	三六〇〇円
英雄的狂気	加藤守通監訳	三六〇〇円

（ジョルダーノ・ブルーノ著作集）より

〒113-0023　東京都文京区向丘1-20-6　　TEL 03-3818-5521　FAX03-3818-5514　振替 00110-6-37828
Email tk203444@fsinet.or.jp　URL·http://www.toshindo-pub.com/

※定価：表示価格（本体）＋税

東信堂

書名	著者	価格
オックスフォード キリスト教美術・建築事典	P&L・マレー著／中森義宗監訳	三〇〇〇〇円
イタリア・ルネサンス事典	中森義宗・J・R・ヘイル編	七八〇〇円
美術史の辞典	中森義宗監訳／P・デューロ他	三六〇〇円
涙と眼の文化史——中世ヨーロッパの標章と恋愛思想	中森義宗・清水忠訳／徳井淑子訳	三六〇〇円
青を着る人びと	伊藤亜紀	三五〇〇円
社会表象としての服飾——近代フランスにおける異性装の研究	新實五穂	三六〇〇円
書に想い 時代を讀む	河田悌一	一八〇〇円
日本人画工 牧野義雄——平治ロンドン日記	ますこ ひろしげ	五四〇〇円
美を究め美に遊ぶ——芸術と社会のあわい	江藤晃	二八〇〇円
バロックの魅力	荻野厚志編著	二八〇〇円
新版 ジャクソン・ポロック	小穴晶子編	二六〇〇円
西洋児童美術教育の思想——ドローイングは豊かな感性と創造性を育むか？	藤枝晃雄	二六〇〇円
ロジャー・フライの批評理論——知性と感受	要真理子監訳／前田茂監訳	三六〇〇円
レオノール・フィニー——境界を侵犯する新しい種	尾形希和子	四二〇〇円
〔世界美術双書〕		
バルビゾン派	井出洋一郎	二八〇〇円
キリスト教シンボル図典	中森義宗	二〇〇〇円
パルテノンとギリシア陶器	関隆志	二三〇〇円
中国の版画——唐代から清代まで	小林宏光	二三〇〇円
象徴主義——モダニズムへの警鐘	中村隆夫	二三〇〇円
中国の仏教美術——後漢代から元代まで	久野美樹	二三〇〇円
セザンヌとその時代	浅野春男	二三〇〇円
日本の南画	武田光一	二三〇〇円
画家とふるさと	小林忠	二三〇〇円
ドイツの国民記念碑——一八一三——一九一三年	大原まゆみ	二三〇〇円
日本・アジア美術探索	永井信一	二三〇〇円
インド、チョーラ朝の美術	袋井由布子	二三〇〇円
古代ギリシアのブロンズ彫刻	羽田康一	二三〇〇円

〒113-0023　東京都文京区向丘1-20-6　TEL 03-3818-5521　FAX03-3818-5514　振替 00110-6-37828
Email tk203444@fsinet.or.jp　URL:http://www.toshindo-pub.com/

※定価：表示価格（本体）＋税